# Le temps du voyage

## Les déplacements internationaux des chefs d'Etat ou de gouvernement (XX$^{e}$-XXI$^{e}$ siècle)

PETER LANG

Bruxelles · Bern · Berlin · New York · Oxford · Wien

# « Enjeux internationaux »

L'étude des relations internationales, tout particulièrement dans le champ historique, est issue d'une histoire diplomatique largement rénovée à travers la prise en compte des forces profondes telles que les a jadis définies Pierre Renouvin. Elle place les États et ceux qui sont chargés de définir et de mettre en œuvre leur politique, au cœur de la vie internationale. Selon cette conception, les États conduisent leur action en jouant sur la palette des moyens les plus divers sur lesquels ils peuvent s'appuyer, tels que l'économie ou la culture, et qui agissent ou interagissent les uns par rapport aux autres.

La démultiplication des champs d'analyse de la vie internationale se développe ainsi tout au long du XX^e^ siècle, mais est l'objet d'un nouveau regard en ces temps de mondialisation. Cette dernière, contemporaine du développement des analyses néo-libérales depuis les années 1980, témoigne tout à la fois de la prise de conscience de la démultiplication des acteurs en présence – ONG, entreprises multinationales par Exemple – et de la large autonomie d'action de ces multiples acteurs.

La collection se veut représentative de ces perspectives renouvelées et de leur impact sur les recherches actuelles. Sans abandonner l'étude des relations internationales centrées sur les États, elle cherche à mieux appréhender la diversité des segments qui composent le champ international et le mode de relations entre ces derniers : de l'enjeu que constitue le sport à celui de l'usage de la mémoire coloniale. Elle s'adresse ainsi aux universitaires et analystes souhaitant interroger les grandes thématiques du siècle dernier au service d'une réflexion sur le présent.

## Directeurs de la collection

M. Éric BUSSIÈRE, *Professeur à l'Université de Paris IV-Sorbonne*

M. Michel DUMOULIN, *Professeur à l'Université catholique de Louvain (UCL), responsable du Groupe d'études d'histoire de l'Europe contemporaine*

M. Sylvain SCHIRMANN, *Professeur d'histoire contemporaine, directeur de l'Institut d'études politiques de Strasbourg*

Agnès Tachin (dir.)

# Le temps du voyage
# Les déplacements internationaux des chefs d'État ou de gouvernement (XX$^{e}$-XXI$^{e}$ siècle)

Enjeux internationaux
Vol. 51

Cet ouvrage est issu d'une journée d'étude préparée avec le soutien du Comité d'histoire du Ministère de la Culture dont je remercie vivement la présidente, Maryvonne de Saint-Pulgent. Cette manifestation s'inscrivait dans la continuité d'un séminaire sur « La cérémonie publique dans la France contemporaine », mes remerciements vont tout particulièrement à ses organisateurs, Patrick Garcia et Jean-François Sirinelli pour leurs conseils et leur fidèle soutien, ainsi qu'à Agathe de Legge pour son assistance constante dans la programmation de cette journée. Enfin, je remercie le laboratoire de recherche, Héritages - Culture/s, Patrimoine/s, Création/s (UMR 9022, CY Cergy Paris Université) pour son aide à la publication de cet ouvrage.

Cette publication a fait l'objet d'une évaluation par les pairs.


Éditions scientifiques internationales
Bruxelles, 2022
1 avenue Maurice, B-1050 Bruxelles, Belgique
www.peterlang.com ; brussels@peterlang.com

ISSN 2030-3688
ISBN 978-2-8076-1987-6
ePDF 978-2-8076-1988-3
ePUB 978-2-8076-1989-0
DOI 10.3726/b19083
D/2021/5678/75

Information bibliographique publiée par « Die Deutsche Bibliothek »

« Die Deutsche Bibliothek » répertorie cette publication dans la « Deutsche Nationalbibliografie » ; les données bibliographiques détaillées sont disponibles sur le site <http://dnb.ddb.de>.

# Table des matières

## Deuxième partie
## Mondialisation, adaptation, diversification



## Troisième partie
## Entretiens

# Introduction

Agnès Tachin
*CY Cergy Paris Université*

« Le Coronavirus précipite-t-il l'avènement de la diplomatie numérique ? », sous cette question, le journal *Le Monde* publiait le 15 mars 2020, une photographie d'Emmanuel Macron face à un écran, assistant seul depuis le Palais de l'Élysée à une réunion en visioconférence avec ses homologues européens. La pandémie de la Covid 19 a mis le monde à l'arrêt, situation inédite qui entre étrangement en résonance avec le sujet de cet ouvrage sur la mobilité des chefs d'État ou de gouvernement à l'échelle internationale. Notre réflexion est partie du constat (antérieur à la crise) de la croissance exponentielle des déplacements des dirigeants à travers le monde depuis les années 1990, quand au même moment, internet abolissait les distances et faisait entrer le monde dans une ère nouvelle de la communication. Plus nombreux et plus variés dans leurs formats (visites d'État, sommets, conférences etc.), les voyages sont à la fois indispensables et chronophages dans l'agenda des responsables politiques. Ce phénomène questionne plus largement les liens entre mobilité et pouvoir à l'échelle internationale. Si le déplacement à l'intérieur du territoire national comme condition nécessaire au gouvernement a été bien étudié, en revanche, il n'existe pas d'examen spécifique pour les voyages à l'étranger[1].

Cet ouvrage propose par conséquent une première réflexion sur le sujet pour la période contemporaine. Son étude intéresse aussi bien les relations internationales, l'histoire diplomatique que l'histoire politique. En effet, ces événements renvoient plus précisément au rôle des chefs d'État ou de gouvernement dans le domaine des Affaires étrangères.

---

[1] Sylvain Destephen, Josiane Barbier, François Chausson (dir), *Le gouvernement en déplacement. Pouvoir et mobilité de l'Antiquité à nos jours*, Paris, Presses Universitaires de Rennes, 2019. Nicolas Mariot, *Bains de foule. Les voyages présidentiels en province, 1888–2002,* Belin, collection « socio-histoires », 2006. *C'est en marchant qu'on devient président. La République et ses chefs d'État 1848–2007*, Aux Lieux d'être, coll. « Mondes contemporains », 2007.

Celui-ci varie selon les époques, les pays et leurs institutions, mais les voyages diplomatiques sont des rituels anciens. Depuis des siècles, des dirigeants se rencontrent pour discuter ou sceller de manière solennelle des traités négociés par leurs représentants, émissaires ou ambassadeurs[2]. Les contacts directs au plus haut niveau de l'État font partie des rouages de la vie internationale et contribuent à la stabilité des relations interétatiques. Si le phénomène n'est pas récent, il s'est considérablement renforcé au XXe siècle. À la fin de la Première Guerre mondiale, la diplomatie traditionnelle des chancelleries est remise en cause par le président Wilson et les responsables politiques sont amenés à négocier directement les traités de paix. Après 1945, ils occupent le devant de la scène au sein des organisations internationales et dans le cadre des sommets. La dernière phase de la mondialisation dans les années 1990 accentue encore ce phénomène, l'internationalisation des économies renforce l'interdépendance entre les États et oblige les dirigeants à multiplier les rencontres pour statuer sur des questions diverses. Leur intervention plus marquée dans les affaires extérieures n'a pas pour corollaire le déclin des ministères et de leurs agents dont le dynamisme est attesté par la variété des domaines d'intervention[3]. Mais les uns et les autres ne bénéficient pas de la même visibilité dans l'espace public. L'activité diplomatique exercée par une myriade d'acteurs, aux pratiques toujours plus complexes, est moins compréhensible que l'action d'un seul d'où la focalisation des médias sur les dirigeants. L'attention portée sur les « chefs » relève aussi d'un besoin d'incarnation dans un monde de plus en plus difficile à déchiffrer[4]. C'est à l'occasion des voyages officiels des chefs d'État ou de gouvernement que, bien souvent, les opinions publiques prennent connaissance des orientations de la politique étrangère et suivent l'actualité internationale. Et ce, même si aujourd'hui dans la profusion d'informations déversées quotidiennement, ces événements retiennent moins l'attention du public. Les voyages internationaux n'en restent pas moins de grands moments de communication politique, les dirigeants saisissent ces instants où toutes les caméras sont braquées sur eux pour adresser des messages à

---

2 Jean-Marie Moeglin (dir.), Stéphane Péquinot, *Diplomatie et « relations internationales » au Moyen Âge (IXe–XVe siècle)*, Paris, PUF, 2017 ; Lucien Bély, *Les relations internationales en Europe, XVIIe–XVIIIe siècle*, Paris, PUF, 2007.

3 Laurence Badel, *Diplomaties européennes. XIXe–XXIe siècle*, Paris, Presses de Sciences Po, 2021.

4 Vincent Martigny, *Le retour du Prince*, Paris, Flammarion, 2019.

leurs populations et au reste du monde. La presse écrite et la radio avant la Seconde Guerre mondiale, la télévision à partir des années 1960, et aujourd'hui les médias numériques en assurent la couverture régulière. La communication politique qui conduit à une surexposition médiatique et à une simplification du message, s'accorde bien avec ce type d'événements où le pouvoir est en représentation. Les voyages permettent les contacts personnels, ils offrent aux chefs de l'exécutif la possibilité de se parler, de s'apprécier (ou non) et de mettre en scène leur amitié. Fondées sur le principe d'égalité de tous les États reconnu par le droit international, les rencontres entre dirigeants font partie des rituels politiques, codifiés par des règles protocolaires. Par certains aspects, elles offrent une image réductrice des relations interétatiques, souvent éloignée de la réalité des rapports de force, mais elles restent un instrument de dialogue et de régulation de la vie internationale.

Les différentes contributions de cet ouvrage, présentées selon un plan chronologique, proposent des approches différentes du « voyage » pris au sens large. Elles s'intéressent ainsi, aussi bien au déplacement qu'à sa finalité, la rencontre. L'accent peut être mis sur un seul voyage (Angleterre, États-Unis, URSS) que l'on suit au jour le jour, pour en comprendre les tenants et les aboutissants et montrer en quoi, précisément, il fait « événement ». D'autres études proposent une vue d'ensemble sur les déplacements d'un seul chef d'État (Japon) ou de plusieurs (Italie, papauté, France) qui dessinent en creux les orientations d'une politique étrangère sur le long terme. La cartographie des voyages et l'ordre des priorités reflètent aussi une perception du monde, les décideurs ont intégré une géographie subjective qui oriente leurs choix politiques et transparaît au travers de leurs déplacements. À l'échelle d'un mandat, les voyages permettent de cerner la personnalité d'un chef d'État, de définir son style. Enfin une troisième approche privilégie non pas un responsable politique mais une destination (France, Chine) vers laquelle les dirigeants de différents États ou d'un seul se sont rendus les uns après les autres. Cet angle de vue permet d'observer une relation bilatérale sur le long terme et l'évolution du regard porté sur un « autre ».

Les voyages internationaux connaissent leur véritable essor dans la seconde moitié du XX$^{e}$ siècle, l'ouvrage en retrace donc l'évolution durant cette période jusqu'au début des années 1990 avant d'examiner, dans un second temps, les changements survenus avec l'entrée dans la mondialisation actuelle. Nous proposons cependant en ouverture une étude de cas antérieure à la période retenue. Le voyage de Theodore

Roosevelt au Panama en 1906 étudié par Hélène Harter, premier déplacement d'un chef d'État américain en dehors des États-Unis, fixe en quelque sorte le canevas de l'exercice : programme millimétré composé de plusieurs séquences (visites, réceptions, cérémonies et entretiens), centralité de la figure présidentielle, recherche du contact avec la population locale, forte médiatisation, message adressé au monde. Bien des caractéristiques des voyages appelés à devenir de véritables rituels d'État apparaissent dès ce premier déplacement. Sa destination rappelle cependant combien la définition du voyage « international » ne va pas de soi selon les époques, l'impérialisme ayant rendu cette distinction inopérante dans bon nombre de territoires durant une grande partie du siècle. En effet, lorsqu'il se rend au Panama en 1906, le président Roosevelt ne s'aventure pas tout à fait en terre « étrangère ». Si ce petit pays d'Amérique centrale, anciennement rattaché à la Colombie, est indépendant depuis trois ans, il est aussi sous « protection » américaine et a renoncé au profit des États-Unis à sa souveraineté sur la zone du canal, principal objet de la visite. Destiné à relancer la construction de celui-ci, le voyage du président permet également aux États-Unis de marquer leur présence dans l'espace américano-caraïbéen. Il constitue à ce titre un tournant dans la politique extérieure américaine traditionnellement isolationniste. Dans le prolongement de la doctrine Monroe, les Américains envoient ainsi un signal aux puissances européennes, notamment à la Grande-Bretagne, leur principale concurrente dans les Amériques. L'utilisation du cuirassé USS Louisiana pour le transport du président est en soi une démonstration de force de la marine américaine face à la Royal Navy. Dès ce premier voyage, la question du rôle de l'exécutif en matière de politique étrangère se pose. Avant même le départ du président, souligne Hélène Harter, les membres du Congrès américain s'étaient inquiétés du risque d'une dérive monarchique et avaient veillé à ce que le cérémonial lors du voyage ne rappelle en aucun cas le faste des cours européennes. La réussite de la visite largement médiatisée renforce la popularité de Theodore Roosevelt et crée un précédent au niveau institutionnel en attribuant de fait, un rôle nouveau au chef de l'État dans le domaine de la politique étrangère, dans lequel le Sénat en particulier joue traditionnellement un rôle prépondérant.

Si le chemin de fer et les progrès de la navigation maritime rendent possible les premiers grands voyages au début du XX^e^ siècle, l'avion à réaction dans les années 1950 change la donne[5]. La révolution des transports aériens a un impact immédiat sur les relations internationales. Dans le contexte de la guerre froide, elle favorise le dialogue entre les deux Grands. Américains et Soviétiques inaugurent les rencontres au sommet, le voyage devient un instrument au service de la paix mondiale. Moins connu et moins spectaculaire que le voyage de Nikita Khrouchtchev aux États-Unis en 1959, celui de son successeur, Leonid Brejnev, reçu par Richard Nixon du 16 au 25 juin 1973, rappelle l'importance de ces rencontres dans le processus de la détente. Précédé d'une visite de Nixon à Moscou en 1972, ce nouveau sommet, analysé par Andreï Kozovoï, est organisé trois semaines avant l'ouverture de la conférence d'Helsinki, qui réunira pas moins de 35 États. Le succès de cette grande concertation internationale dépend de l'entente entre les deux Grands et d'abord des relations personnelles entre leurs dirigeants. L'auteur examine les réactions du chef soviétique au fil de son séjour en Amérique. Le fait de se voir et de passer quelques jours ensemble peut influer sur le comportement des décideurs. L'interaction entre les acteurs produit des effets positifs, d'où l'importance des déclarations, des gestes d'attention, des symboles. Affaire du Watergate pour le premier, rivalité au sein du comité central du parti communiste pour le second, Nixon et Brejnev ont aussi, pour des raisons de politique intérieure, tout intérêt à ce que la visite soit une réussite. Le président américain a réservé à son hôte le meilleur accueil possible. Du choix des cadeaux personnalisés à celui des invités triés sur le volet, tout est mis en œuvre pour éviter le moindre faux pas et pour séduire le chef du Kremlin. Sous le soleil californien, la magie opère. Alors que Nikita Khrouchtchev, en son temps, avait résisté à la force d'attraction de la féerie hollywoodienne, Leonid Brejnev accueilli dans le ranch privé du président américain à San Clemente, entouré de stars (certes de série B), ne boude pas son plaisir au royaume du divertissement. S'il convient de relativiser l'impact de cette rencontre sur la conférence d'Helsinki (qui a nécessité pas moins de deux ans de négociation), son atmosphère nettement plus détendue et amicale que celle entre Khrouchtchev et Eisenhower, a créé un précédent dont se souviendront Reagan et Gorbatchev en 1988.

---

5 Parmi les premiers grands voyages transcontinentaux, citons les rencontres franco-russes étudiées par René Girault, dans le chapitre, « Voyages officiels, opinion publique et relations internationales », de son ouvrage *Être historien des relations internationales*, Paris, Éditions de la Sorbonne, 2000, p. 139–155.

À l'instar des Américains et des Russes, les dirigeants des pays occidentaux envisagent aussi dès les années 1950 des voyages à longue distance. C'est notamment le cas des présidents italiens étudiés par Alessandro Giacone. Les deux premiers dirigeants, Enrico de Nicola (1946–1948) et Luigi Einaudi (1948–1955) n'effectuent qu'une visite en dehors du territoire national… au Vatican. En revanche, leur successeur Giovanni Gronchi (1955–1962) visite treize pays en Europe et dans les Amériques. Ses voyages symbolisent le renouveau de l'Italie d'après-guerre. Être reçu par les Américains, vainqueurs de la Seconde Guerre mondiale et nouveaux alliés au sein du monde libre a valeur de reconnaissance, l'Italie retrouve sa place parmi les grandes démocraties occidentales. L'heure est aussi à la réconciliation et au devoir de mémoire, comme le soulignent le voyage du président Antonio Segni (1962–1964) en Grèce, pays envahi par les armées de Mussolini en 1940 et les pèlerinages mémoriels dans les camps de Dachau et d'Auschwitz. La carte des voyages des présidents italiens reflète les deux grandes préoccupations du moment, le renforcement du camp occidental et la construction européenne. Ces déplacements aux quatre coins du globe permettent à l'Italie, puissance moyenne, d'avoir une visibilité sur la scène internationale et de consolider ses alliances. Mais pour accéder à la seconde place derrière les supergrands, la concurrence est redoutable. Pour la diplomatie française, à l'évidence, la tournée du général de Gaulle en Amérique latine en 1964 ne souffre pas la comparaison avec celle qu'entreprend un an plus tard son homologue italien, Guiseppe Saragat…

Parcourir le monde est une marque de puissance et avant tout de souveraineté. Cette quête de reconnaissance concerne aussi les États de l'Afrique francophone qui en 1960 préfèrent sortir de la Communauté française et accéder à l'indépendance[6]. Pour maintenir son influence dans ses anciennes colonies, la France propose son aide au développement et choisit la voie de la « coopération » confiée au ministère du même nom. Les relations bilatérales avec les nouveaux États africains ne relèvent donc pas du cadre classique de l'action diplomatique, elles échappent au Quai d'Orsay et sont pilotées par Jacques Foccart, fidèle collaborateur du général de Gaulle, nommé à la tête du secrétariat général pour les

---

6 Instituée par la Constitution de 1958 en remplacement de l'Union française, la Communauté reconnaissait aux anciennes colonies le statut d'État mais limitait leurs pouvoirs dans des domaines fondamentaux (politiques étrangère, monétaire, économique).

Affaires africaines et malgaches à la Présidence de la République. Fabien Oppermann montre que ce traitement particulier se traduit sur le plan formel par l'adoption d'un protocole spécifique pour la visite des présidents africains en France. Le général de Gaulle, qui n'ignore pas la valeur des symboles, ne peut se résoudre à les accueillir selon les mêmes modalités que les autres chefs d'État. Les présidents africains ne connaîtront pas le faste de Versailles, de Rambouillet ou Trianon, réservé aux autres dirigeants, ils seront reçus et confinés au château de Champs-sur-Marne. Richement décorée, cette ancienne résidence royale du XVIII$^{e}$ siècle est pourvue de tout le confort moderne pour recevoir ses prestigieux invités, mais elle permet aussi de les isoler. Les honneurs habituellement rendus aux chefs d'État à leur arrivée à Paris le sont, pour les présidents africains, dans la cour du château, à l'abri des regards. Présenté comme une faveur « Champs-sur-Marne s'avère un piège », souligne l'auteur, et rend les séjours plus contraignants, obligeant les dirigeants à maints allers-retours entre Paris et leur « prison dorée ». Cette discrimination qui ne dit pas son nom est symptomatique du regard de la France sur ses anciennes colonies aux lendemains des indépendances et de l'impensé que représente encore pour De Gaulle un traitement d'égalité effectif avec ses homologues africains. Le général refuse en effet le principe de réciprocité et n'honore aucun d'entre eux d'une visite en retour. Le protocole est « le territoire des signes rituels de la domination » écrivait l'anthropologue américain Clifford Geertz à propos des relations diplomatiques à l'époque moderne, la définition garde toute sa pertinence avec les anciennes colonies au moment des indépendances[7].

Si l'Afrique francophone indépendante ne reçoit pas le général de Gaulle, elle accueille en revanche la famille royale d'Angleterre. À l'automne 1961, la reine Elisabeth II entreprend un voyage en Afrique de l'Ouest où elle visite le Ghana, le Libéria, la Sierra Leone, la Gambie et termine son périple par une escale à Dakar. Mélanie Torrent s'arrête sur le choix quelque peu oublié de cette dernière étape. En effet, la mémoire collective a surtout retenu de ce voyage, l'image de la reine dansant avec le président ghanéen, Kwame Nkrumah, qui résume, à elle seule, toute l'importance des voyages royaux pour faciliter l'intégration des nouveaux États indépendants dans le Commonwealth. En revanche, la présence de la souveraine à Dakar ne manque pas d'étonner. Alors

7 Clifford Geertz, *Savoir local, savoir global*, Paris, Presses universitaires de France, 1986, p. 157.

que la France est embourbée dans la guerre d'Algérie, Elisabeth II, chef du Commonwealth, se rend pour la première fois dans le pré-carré de l'éternelle rivale, un an après l'échec de la Communauté. Le choix peut paraître d'autant plus surprenant qu'au même moment, les négociations pour l'adhésion britannique au Marché commun s'enlisent à Bruxelles, freinées des quatre fers par les Français. Au-delà des raisons pragmatiques – l'aéroport de Dakar est tout simplement le seul praticable de la région – le choix de la capitale sénégalaise relève de préoccupations plus globales au moment où, en pleine guerre froide, s'opère la recomposition politique de l'Afrique anglophone. Londres voit en Léopold Sédar Senghor comme en Habib Bourguiba, le président de la Tunisie, où s'est rendue la Reine-Mère peu de temps auparavant, des alliés potentiels contre la diffusion du communisme en Afrique et l'influence de leaders plus radicaux comme Kwame Nkrumah ou le Malien Modibo Keïta. Le président sénégalais, chantre d'un « Commonwealth à la française », proche des anciennes métropoles, promeut une vision du panafricanisme plus acceptable du point de vue occidental. L'idée d'une association de son pays avec la Gambie, petite colonie britannique enclavée dans le territoire du Sénégal, est ainsi accueillie favorablement à Londres sans gêner Paris. Attentifs aux réactions françaises, les Britanniques s'efforcent d'atténuer la portée symbolique de cette escale en la privant du titre de « visite officielle » et se gardent bien d'accueillir ensuite Senghor lors d'une visite spécifique, mais la venue du président sénégalais à Londres renforce aussi sa stature de chef d'État sur la scène internationale. La carte des voyages entre l'Afrique et l'Europe au moment des indépendances met ainsi en relief l'attitude différenciée de Londres et Paris à l'égard des anciennes colonies.

La fin du monde bipolaire représente un second tournant dans l'histoire des voyages internationaux des chefs d'État ou de gouvernement. L'effet d'accélération produit par la mondialisation des années 1990 entraîne un déploiement des déplacements à toutes les échelles. Entravé durant quarante ans par les rivalités Est-Ouest, le multilatéralisme se libère et investit d'autres espaces. À l'instar de l'ONU, de nouveaux lieux accueillent de grandes conférences mondiales ou régionales organisées sur des thématiques variées (climat, aide au développement, sécurité, etc.). Aujourd'hui, bien des décisions concernant des problèmes intérieurs se prennent en dehors du territoire national. Mais l'essor de la diplomatie multilatérale ne se fait pas au détriment des rencontres bilatérales qui restent majoritaires et indispensables comme premier échelon de discussion et de négociation entre les États. La forme prise par ces dernières donne toujours des indications intéressantes sur l'état des relations entre deux pays, notamment sur leur degré de proximité. Alors que les sommets bilatéraux moins protocolaires ont tendance à se multiplier, Agnès Tachin montre l'attachement des dirigeants français et chinois au format plus solennel de la visite d'État. Par son caractère honorifique, ce type de visite offre une image idéalisée de la rencontre bilatérale, mais sa dimension très protocolaire peut aussi en signifier les limites. Dans le cadre de la relation franco-chinoise, elle permet ainsi de célébrer l'amitié entre les deux pays et leurs relations placées sous le signe de l'exceptionnalité depuis le geste fondateur du général de Gaulle en 1964. L'examen de ces rencontres laisse entrevoir cependant un rapport à l'autre plus complexe, entre incompréhension et volonté de rapprochement. Si chaque visite porte la marque de son président, la manière dont chacune est repensée est aussi significative de l'évolution du rapport de force. Les trois premières visites (1973, 1980, 1983) témoignent d'un regard distant sur la République populaire de Chine dont l'avenir reste incertain après le retrait de Mao. Dans les années 1990, son ascension fulgurante oblige Paris à redéfinir sa relation avec Pékin. Plus fréquentes et plus « utilitaires », les visites d'État témoignent de l'attraction nouvelle du géant asiatique, devenu en l'espace de deux décennies un partenaire commercial incontournable. Mais elles montrent aussi, par leurs adaptations successives, toute la difficulté à appréhender une relation de plus en plus asymétrique.

La montée en puissance de la Chine gêne plus encore son voisin immédiat, le Japon. Durement éprouvé par la triple catastrophe de 2011, l'archipel nippon doit désormais composer avec une redoutable concurrente aux velléités hégémoniques non dissimulées. Arnaud Grivaud montre que la crainte du déclassement conduit le premier ministre Abe Shinzō (2012–2020) à entreprendre, de son côté, des déplacements tous azimuts. La frénésie de voyages est à la hauteur de l'inquiétude, Abe a entrepris pas moins de 176 visites diplomatiques (dans 80 pays différents) en sept ans. S'il reste en deçà du nombre de voyages entrepris par ses homologues occidentaux[8], le phénomène est tout à fait nouveau dans ce pays où, pour des raisons autant institutionnelles que symboliques, les chefs de gouvernement voyageaient peu en dehors du territoire

8 François Hollande par exemple a entrepris 206 voyages officiels au cours de son quinquennat. http://www.lemonde.fr/les-decodeurs/article/2017/03/27/le-president-hollande-champion-des-deplacements-officiels-a-l-etranger_5101454_4355770.html.

national. L'efficacité est recherchée à tous les niveaux, aussi bien dans la manière d'organiser ces déplacements que dans les résultats. Les voyages d'Abe Shinzō reflètent aussi l'évolution du système international. Le renforcement du multilatéralisme à toutes les échelles dans un contexte de mondialisation accélérée explique leur prolifération. Mais celle-ci est due également aux nombreuses rencontres bilatérales, nécessaires pour créer des partenariats au niveau régional et indispensables avec l'allié américain. Le poids du passé rend, en revanche, difficile pour le moment l'approche bilatérale avec la Chine où Abe ne s'est rendu qu'une seule fois en 2018.

À partir d'un inventaire précis des voyages pontificaux depuis soixante ans, Jean-Marc Ticchi montre que la papauté est également concernée par cette inflation des déplacements à l'étranger. Le Saint-Père est amené à voyager au double titre de chef de l'Église catholique et comme dirigeant d'un État souverain, le Vatican, depuis les accords de Latran (11 février 1929). Dès les années 1960, Paul VI saisit comme ses homologues laïcs l'opportunité offerte par les transports aériens pour voyager à travers le monde. Il entreprend ainsi neuf grands voyages entre 1964 et 1970 quand le président de la République italienne Giovanni Gronchi, par exemple, en programme treize entre 1955 et 1962. Le Concile de Vatican II a un impact décisif sur l'essor des voyages pontificaux, qui deviennent dans un contexte de renouveau de la foi catholique un instrument au service de son rayonnement planétaire. Le pape prend son bâton de pèlerin pour délivrer partout le message apostolique. La diversité des pays visités aux cultures et religions différentes doit refléter l'universalité de ces paroles de paix adressées à tous les peuples quelle que soit leur confession. Le record revient à Jean-Paul II qui comptabilise 206 déplacements officiels dont 104 hors d'Italie et 84 pays visités, nombre qui tient aussi à la durée de son pontificat, de 26 ans. Au palmarès des pays les plus visités par les souverains pontifes, arrivent en tête la Pologne et les États-Unis (lié à la présence de l'ONU). Parmi les cinq continents, l'Europe reste la première destination. L'absence de tout déplacement en Chine et en Russie rappelle cependant combien ces pérégrinations à caractère spirituel ne sont pas dénuées de signification politique. Les messages pontificaux peuvent être entendus. Ainsi, deux mois après la visite du Saint-Père à la Havane et sa condamnation à peine voilée de la politique américaine, les États-Unis ont assoupli leur embargo contre Cuba. Les voyages pontificaux comme ceux des autres chefs d'État font l'objet d'un programme minuté. Au cours de leur séjour, les papes s'entretiennent avec les dirigeants et vont au-devant de la population locale. Mais là réside sans doute la singularité de leurs voyages, leur couverture médiatique prend une dimension planétaire, le souverain pontife étant encore un des rares chefs d'État à attirer des foules considérables lors de ses déplacements.

Ce tour d'horizon des voyages internationaux s'achève comme il a commencé avec le premier voyage à l'étranger d'un président américain. Parce qu'elle indique la direction donnée à l'action extérieure et définit l'ordre des priorités, la première sortie internationale d'un chef d'État est toujours suivie avec la plus grande attention, elle l'est d'autant plus lorsqu'elle concerne celui des États-Unis. Un siècle après le voyage de Theodore Roosevelt, Julien Zarifian s'intéresse à la visite officielle de Barack Obama en Turquie en 2009. Les déplacements à l'étranger font désormais partie du répertoire d'actions du chef de l'exécutif dans le domaine de la politique étrangère. Si l'exercice comme tout rituel d'État peut paraître redondant, chaque voyage est différent et reflète les enjeux de son époque. Les deux visites, au Panama et en Turquie, évoquent à elles seules le déploiement de la puissance américaine à deux moments de son histoire. D'un voyage à l'autre, l'un des aspects les plus frappants est l'extraordinaire contraction du temps politique. Alors que le séjour de Théodore Roosevelt s'étire sur presque trois semaines et qu'il lui faut pas moins de six jours pour atteindre le Panama (avec une escale à Porto Rico), Barack Obama, pour son premier voyage transatlantique en tant que président des États-Unis, se rend en huit jours aux sommets multilatéraux du G20 à Londres, à celui de l'OTAN à Strasbourg et en Allemagne, au sommet États-Unis-UE à Prague, en visite officielle en Turquie et achève son périple en Irak. Julien Zarifian explique que le choix de la Turquie, inhabituel pour une première visite officielle en dehors du continent américain, est motivé par des raisons autant géostratégiques que symboliques. Par ce voyage en terre d'Islam, le président démocrate entend tourner la page des années Bush marquées par l'intervention armée des États-Unis en Irak. Choix tactique mais sans grand risque, la Turquie, pays musulman et laïc, est aussi membre de l'OTAN et un allié historique des Américains. Elle apparaît néanmoins comme l'intermédiaire idéal pour regagner la confiance de populations éprouvées par des années de guerre. Sans totalement éluder les problèmes du moment et les sujets qui fâchent (Chypre, question kurde), ce voyage vise surtout à rassurer les opinions publiques en offrant un autre visage de l'Amérique, celui d'un pays démocratique attaché à la tolérance religieuse et au multiculturalisme, incarné par Barack Obama, premier président noir des États-Unis.

Au terme de cette étude, les contributions des historiens spécialistes des relations internationales sont complétées dans une troisième partie de l'ouvrage par quatre témoignages sur les voyages des présidents de la Ve République. Deux membres de l'entourage présidentiel, Cédric Goubet et Emmanuelle Pavillon-Grosser, un diplomate, Yves Saint-Geours, et un journaliste, Laurent Marchand, nous livrent leur expérience personnelle en tant qu'acteurs et témoins de ces événements. Leur regard apporte ainsi l'éclairage le plus récent sur une pratique appelée sans cesse à se renouveler.

# PREMIÈRE PARTIE

# ESSOR, GÉNÉRALISATION, MISE EN FORME

# Theodore Roosevelt au Panama (15–17 novembre 1906) : le premier voyage à l'étranger d'un président américain

Hélène Harter
*Université de Paris I-Sorbonne*

Le voyage présidentiel à l'étranger s'est imposé comme un des outils majeurs de la diplomatie américaine. Les présidents ont réalisé 750 déplacements hors des frontières nationales et visité plus de 100 pays[1]. Le premier voyage à l'étranger d'un président est cependant tardif. Il n'intervient qu'en novembre 1906 lorsque Theodore Roosevelt visite le Panama. À la suite de George Washington, les présidents ont pris l'habitude de voyager à travers le pays à la rencontre de leurs concitoyens. Il s'agit de conforter l'unité nationale dans un pays fédéral mais également de montrer sa proximité avec le peuple, un impératif dans une démocratie. Les présidents se soumettent cependant à une règle non écrite : ne pas quitter le territoire national[2]. Le président Andrew Johnson refuse ainsi de passer du côté canadien des chutes du Niagara en 1866. Ulysses Grant (1869–1877) décline les invitations à se rendre au Canada et au Japon[3]. En effectuant un déplacement au Panama, Theodore Roosevelt rompt clairement avec les usages de la vie politique américaine[4].

---

1 Cf : https://history.state.gov/departmenthistory/travels/president; ref. du 31 mars 2020.

2 La réciproque se vérifie aussi. On ne compte avant 1906 que cinq visites de chefs d'État et de gouvernements étrangers et elles n'ont pas toutes d'ailleurs le statut de visite officielle. La première d'entre elles est effectuée en 1874 par le monarque hawaïen Kalakaua, alors que son pays vient d'entrer dans l'aire d'influence américaine. Cf. https://history.state.gov/departmenthistory/visits ; ref. du 31 mars 2020.

3 Richard J. Ellis, *Presidential Travel: The Journey from George Washington to George W. Bush*, Lawrence, University Press of Kansas, 2008, p. 167.

4 Theodore Roosevelt écrit d'ailleurs à Andrew Carnegie le 6 août 1906 : « Savez-vous que j'espère parfois qu'il n'existe pas cette règle de fer qui interdit à un président de se rendre à l'étranger » (H.W., Brands (ed.), *The Selected Letters of Theodore Roosevelt*, New York, Cooper Square Press, 2001).

Ce premier voyage présidentiel à l'étranger a fait cependant l'objet de peu d'études[5]. L'historiographie sur les voyages présidentiels américains est encore peu développée. De rares travaux ont une approche globale et historique[6]. La plupart envisagent la question sous l'angle de la science politique. Ils l'étudient dans le cadre d'une présidence ou d'un espace visité, souvent dans l'espace national et en lien avec les campagnes présidentielles. Quand des voyages internationaux sont abordés, c'est souvent en lien avec des questions de politique intérieure[7] et les analyses portent surtout sur les voyages postérieurs à 1945[8].

Étudier le premier voyage d'un président à l'étranger est pourtant riche d'enseignements. Il s'agira ici de mettre en lumière le déroulé du voyage et surtout d'expliciter ses enjeux. Cette première visite officielle constitue en effet un excellent observatoire pour comprendre comment le rapport au monde des Américains change au tournant du XX^e^ siècle, en particulier dans l'espace des Amériques. Elle nous permet également de mieux saisir les bouleversements de la vie politique américaine et les rapports de force à l'œuvre entre le président et le Congrès.

## Un projet historique

### *Les motivations du président*

Le président Roosevelt annonce son déplacement au Panama en juin 1906. Le voyage répond à deux objectifs intrinsèquement liés : une visite

---

5 Parmi les exceptions, l'article de synthèse de Catherine Forslund, « "Off for the Ditch", Theodore and Edith Roosevelt visit Panama in 1906 », in *White House History*, 28, Fall 2010.

6 Richard J. Ellis, *Presidential Travel: The Journey from George Washington to George W. Bush*, Lawrence, University Press of Kansas, 2008.

7 Cf. notamment : Jeffrey E. Cohen, and Richard J. Powell. 2005, « Building Public Support from the Grassroots up: The Impact of Presidential Travel on State-Level Approval », in *Presidential Studies Quarterly*, 35 (1), 2005, p. 11–27 ; Emily Jane Charnock, James A. McCann, Kathryn Dunn Tenpas, « Presidential Travel from Eisenhower to George W. Bush : An « Electoral College Strategy » », in *Political Science Quarterly*, 124 (2), 2009, p. 323–39 ; James H. Lebovic, and Elizabeth N. Saunders, « The Diplomatic Core: The Determinants of High-Level US Diplomatic Visits, 1946–2010 », in *International Studies Quarterly*, 60 : 1, 2016, p. 107–23.

8 Michael John Burton, Michael John, « The « Flying White House » : A Travel Establishment within the Presidential Branch, in *Presidential Studies Quarterly*, 36 (2), 2006, p. 297–308.

officielle dans ce pays et la visite du chantier du percement du canal interocéanique à travers l'isthme panaméen.

Depuis George Washington, les Américains ont opté pour une politique internationale isolationniste mais elle ne s'applique pas à l'espace des Amériques comme le rappelle la doctrine Monroe énoncée en 1823. L'intérêt géostratégique des Américains pour la région s'intensifie dans les années 1890 et en particulier après la victoire dans la guerre hispano-américaine de 1898. L'Amérique centrale et l'espace caribéen s'imposent comme une priorité de la politique étrangère sous fonds d'accession à la puissance, d'impérialisme et de construction d'un empire informel économique à l'heure de la mondialisation[9]. Les Américains s'intéressent tout particulièrement à la construction du canal qui doit rejoindre les océans Atlantique et Pacifique au niveau de l'isthme de Panama, sur le territoire de la Colombie. En raccourcissant de 13 000 kilomètres le trajet des marchandises circulant d'une côte à l'autre des États-Unis, il constitue un enjeu à la fois économique, politique et militaire pour les Américains.

Un projet français privé mené par Ferdinand de Lesseps échoue en 1889. En s'installant à la Maison-Blanche en septembre 1901, le président Theodore Roosevelt fait de la concrétisation de ce grand chantier une priorité. La nouvelle puissance politique de son pays lui permet d'arriver à ses fins. En décembre 1901, le traité Hay-Pauncefote donne carte blanche aux États-Unis pour construire, exploiter et contrôler le canal interocéanique. Le 22 janvier 1903, la Colombie concède aux États-Unis un bail de cent ans pour la construction et l'exploitation du canal ainsi qu'un morceau du territoire attenant contre un dédommagement financier. Lorsque les autorités colombiennes reviennent sur leur décision en août, le président Roosevelt décide de contourner la difficulté en favorisant la cause des séparatistes panaméens révoltés contre le pouvoir central. Devenus indépendants le 4 novembre 1903, ces derniers signent le 18 novembre le traité Hay-Bruneau-Varilla. La jeune république du Panama concède à perpétuité aux États-Unis le droit d'utiliser, d'occuper et de contrôler le canal interocéanique ainsi qu'une zone de 5 *miles* (près de 8 kms) de large de part et d'autre de la voie d'eau. En échange, les États-Unis lui versent 10 millions de dollars et un loyer annuel de 250 000 dollars. La zone du canal n'est plus juridiquement panaméenne

---

9 Cf. Serge Ricard, *Theodore Roosevelt et l'Amérique impériale*, Rennes, Presses Universitaires de France, 2016.

mais une enclave américaine sur le sol panaméen. Le Panama, quant à lui, devient une sorte de protectorat des États-Unis. Les Américains se proclament garants de son indépendance, ce qui leur octroie un droit d'ingérence. En se rendant au Panama en 1906, Theodore Roosevelt se rend par conséquent dans un pays étranger mais étroitement dépendant des États-Unis. Quant à la partie de son déplacement qui a lieu sur le chantier du canal, elle se déroule en fait en territoire américain. C'est un des nombreux paradoxes de son déplacement.

Si le président tient tant à effectuer ce voyage, c'est que le chantier du canal qu'il juge si prioritaire avance très laborieusement et fait l'objet de très nombreuses critiques. Le Sénat consacre une commission d'enquête à ses dysfonctionnements en janvier 1906[10]. Les articles se multiplient dans la presse, notamment sous la plume de Poultney Bigelow, un journaliste très en vue dans cette époque de progressisme réformiste. Celui-ci accuse les responsables du chantier d'incompétence et de corruption et invite le président à venir constater par lui-même le désastre[11].

Comme les Français avant eux, les Américains rencontrent de très nombreuses difficultés ; et ce, bien qu'ils mobilisent les dernières technologies industrielles, des capitaux importants, des talents comme l'ingénieur en chef John F. Stevens qui fait travailler plus de 6 000 hommes. Le chantier est ralenti par un terrain instable propice aux glissements de terrain et par le climat tropical à l'origine de nombreux cas de dysenterie, de malaria et de paludisme. En 1905, une épidémie de fièvre jaune particulièrement virulente a mis hors d'état de travailler un grand nombre d'ouvriers et a provoqué la fuite de nombreux autres.

Pour le président, cette situation est insupportable. Non seulement elle menace la concrétisation d'un chantier prioritaire, mais par ailleurs, elle fait de lui la cible de l'opposition. T. Roosevelt cherche à désamorcer les critiques qu'il met sur le compte du sensationnalisme[12]. Pragmatique, il a cependant bien conscience que le chantier n'avance pas au rythme

---

10 U.S. Senate, Committee on Interoceanic Canals, *Hearings [. . .] on the Senate Resolution Providing for an Investigation of Matters Relating to the Panama Canal, 59th Cong., 2d sess.*, Doc. 401, Washington, Government Printing Office, 1907, vol. I, p. 97–115.

11 Poultney Bigelow, "Our Mismanagement at Panama", in *The Independent*, January 4, 1906, p. 13 ; « Poultney Bigelow Reaffirms his Criticisms of the Canal Work », in *New York Times*, January 12, 1906.

12 Cf. notamment son message au Congrès du 8 janvier 1906 : Theodore Roosevelt, « Special Message », in J.D. Richardson (ed.), *A Compilation of the Messages and*

qu'il faudrait. Homme d'action, il décide d'aller constater par lui-même la situation. D'autres présidents avant lui ont fait des tournées d'inspection à l'instar de James Monroe célèbre pour sa tournée des défenses côtières en 1817[13]. Theodore Roosevelt innove cependant. Son déplacement implique de quitter le territoire national.

## Un déplacement qui ne va pas de soi

Cette décision qui rompt avec tous les usages surprend les Américains. Elle fait d'autant moins l'unanimité que l'absence du président s'annonce longue : entre le 8 et le 26 novembre, soit près de trois semaines. Face au risque de la vacance du pouvoir, la Maison-Blanche se sent obligée de rappeler que les présidents ont l'habitude de passer de longues semaines chaque année hors de la capitale sans que cela pose de problèmes. Theodore Roosevelt se rend ainsi régulièrement dans sa résidence d'Oyster Bay dans l'État de New York. Les services de l'exécutif garantissent aux Américains que les communications seront maintenues entre Washington et le président pendant tout son voyage grâce au télégraphe sans fil dans l'Atlantique puis grâce à des lignes fixes une fois sur la terre ferme[14]. Ils expliquent enfin que la continuité de l'État sera assurée si besoin par le secrétaire d'État, Elihu Root.

Ces inquiétudes sont révélatrices d'enjeux politiques plus importants. En effet, de nombreux Américains considèrent qu'en allant au Panama, T. Roosevelt brise un tabou de la vie politique. Si aucun président ne s'est rendu à l'étranger jusqu'alors, c'est en raison de la place limitée qu'occupent les États-Unis dans le concert des nations et encore plus en raison des choix politiques faits lors de la création du pays. Les États-Unis décident de se tenir à distance des pays européens jugés décadents, corrompus et corrupteurs. Convaincus de leur exceptionnalisme, ils ont la volonté de constituer un modèle alternatif. Dès lors, le peuple américain attend de son gouvernement qu'il donne la priorité aux questions de politiques intérieures. L'idée que le président puisse quitter le pays pendant près de trois semaines choque ; et ce d'autant plus que son déplacement le

---

*Papers of the Presidents*, Washington, Government Printing Office, 1914, vol. X, p. 7661.

13 La seconde guerre d'indépendance contre les Britanniques (1812–1815) a montré les limites des forces militaires américaines.

14 Richard J. Ellis, *op. cit.*, p. 171.

conduit à annuler une tournée dans l'Ouest. Certains y voient par ailleurs le prélude à une intensification non désirée des échanges avec l'étranger. Les États-Unis ont pris le tournant de l'internationalisme en 1898 mais de nombreux Américains refusent cette évolution. La ratification du traité Hay-Bruneau-Varilla a d'ailleurs donné lieu à des débats très vifs au Sénat.

Ce projet de déplacement réactive par ailleurs les débats sur la forme que doit prendre un voyage présidentiel, et à travers elle, sur la place de l'exécutif dans le système politique. Dans un pays où la mémoire collective associe le pouvoir exécutif au souvenir de George III, souverain au pouvoir jugé abusif, les Pères fondateurs ont créé un système d'équilibre des pouvoirs qui donne la primauté au législatif. C'est le cas notamment en matière de politique étrangère. Le président Roosevelt se sent d'ailleurs obligé d'expliquer lorsqu'il embarque pour le Panama qu'« il part effectuer une tournée d'inspection et qu'il ne s'agit pas de diplomatie ». Personne n'est dupe cependant. Theodore Roosevelt a eu plusieurs fois l'occasion de regretter son incapacité à négocier directement avec les autorités allemandes, françaises ou britanniques[15].

En outre, les Américains attendent de leur président une « simplicité républicaine »[16]. Depuis George Washington, les présidents sont soucieux d'éviter tout ce qui pourrait évoquer la pompe monarchique, en particulier lors de leurs déplacements. Le président est le premier des citoyens et doit à ce titre demeurer accessible. Le nombre de personnes qui l'accompagnent est volontairement limité tout comme la taille des parades. Les véhicules sont choisis avec soin pour éviter le parallèle avec les carrosses royaux. D'ailleurs, jusqu'en 1906, le budget américain ne prévoit pas de ligne budgétaire pour les déplacements présidentiels[17]. La visite d'un président à l'étranger fait craindre une remise en question de ce modèle, en raison du cout des voyages internationaux et encore plus parce que les Américains redoutent la contagion des rituels monarchiques européens.

---

15 « "I'm Off for the Ditch": President's Farewell », in *New York Times*, 9 novembre 1906, p. 1. H.W., Brands (ed.), *op. cit.*, p. 423.

16 Richard J. Ellis, *op. cit.*, p. 12.

17 Ian Ostrander, Toby J. Rider, « Presidents Abroad: The Politics of Personal Diplomacy », in *Political Research Quarterly*, vol. 72, n° 4, December 2019, p. 835–837.

T. Roosevelt fait fi des critiques. Il le fait d'autant plus facilement que la prévention de ses compatriotes porte sur l'Europe et pas sur une république américaine. Par ailleurs son déplacement a pour cadre un pays indépendant mais sous tutelle américaine. Signe qui ne trompe pas, l'invitation officielle du président panaméen arrive début août, plusieurs jours après l'annonce américaine du déplacement. Qui plus est, une partie du voyage présidentiel se déroulera dans la zone du canal, donc en territoire américain. Signe que le sujet est cependant sensible, la Maison-Blanche communique très peu sur la dimension panaméenne du voyage présidentiel. L'itinéraire diffusé à la presse ne mentionne pas les événements officiels qui y sont organisés. Il est seulement indiqué que le président sera « à la disposition du gouvernement du Panama ». Tout est fait pour donner l'impression que le président ne se rend pas à l'étranger. Les contemporains y voient cependant une rupture majeure. Le *New York Times* sous-titre d'ailleurs au lendemain de son départ pour le Panama : « Son voyage viole plus de cent ans de traditions américaines »[18].

## La préparation du voyage

L'organisation de ce voyage à l'étranger qui ne dit pas son nom revient au département d'État. Le 20 septembre, le secrétaire d'État Elihu Root se rend au Panama pour préparer le terrain. Ce déplacement intervient dans le cadre d'une tournée en Amérique latine qui le conduit aussi en Argentine, au Brésil et au Chili, les puissances régionales de la région, et trouve son apothéose avec la tenue d'une conférence panaméricaine à Rio[19]. Le choix du Panama pour ce premier voyage historique à l'étranger est à replacer dans le cadre du panaméricanisme mis en œuvre par les Américains depuis 1888 pour organiser et affirmer leur influence sur le continent.

Sur place au Panama, les Américains peuvent compter sur leur ambassadeur Charles E. Magoon. Depuis juillet 1905, il cumule ses fonctions auprès des autorités panaméennes avec celle de gouverneur général de la zone du canal ; c'est dire combien les deux dossiers sont liés.

---

18 *New York Times*, 9 novembre 1906, p. 1.

19 United States Department of State, « Panama », in *Papers Relating to the Foreign Relations of the United States with the Annual Message of the President Transmitted to Congress, December 3, 1906*, Washington, Government Printing Office, p. 1196–1198 [FRUS]

Son successeur, Herbert G. Squiers, prend ses fonctions le 8 novembre 1906 à la veille de la visite présidentielle. La venue de T. Roosevelt représente un enjeu important pour les responsables américains qui savent que si le président juge leur travail inadéquat il les remplacera. Quatre ambassadeurs se sont succédés depuis la création du Panama en novembre 1903.

Le défi est de taille également pour les autorités panaméennes qui doivent tant aux États-Unis et à son président. Il leur faut démontrer leur capacité à assurer la stabilité du Panama – faute de quoi les Américains interviendront directement dans la gestion de leur pays – et leur fidélité. Le Panama mobilise des moyens importants sous l'égide de son président Manuel Amador Guerrero. Des milliers de Panaméens sont mobilisés pour nettoyer les rues, rafraichir la peinture des bâtiments, installer des drapeaux américains et des bannières de bienvenue sur le trajet du parcours que doit emprunter le président Roosevelt. Pour démontrer la loyauté du pays vis-à-vis de son protecteur, le premier jour du voyage est décrété « jour national de joie et d'enthousiasme exalté ». Les Panaméens, les enfants des écoles en tête, sont invités à le célébrer dans les rues. Les opposants à la politique d'alignement sur les États-Unis sont arrêtés pour éviter les voix discordantes. Quant aux entrepreneurs, ils y voient des opportunités économiques. L'hôtel Tivoli est ainsi achevé juste à temps pour accueillir la délégation présidentielle, ses propriétaires souhaitant pouvoir faire de la venue du président un argument commercial.

T. Roosevelt ne voyage pas seul. Il est accompagné de son épouse Edith[20], de son conseil sanitaire le vice-amiral Presley Marion Rixey – l'amélioration de la lutte contre les maladies tropicales sur le chantier est une priorité –, de son conseiller Maurice C. Latta et de trois agents des services secrets. Traumatisée par l'assassinat de trois de ses présidents en 36 ans, dont son prédécesseur William McKinley tombé sous les balles d'un anarchiste en septembre 1901, l'Amérique vient de se résoudre à octroyer à son président une protection permanente et à abandonner l'idée qu'il n'a pas besoin d'être protégé du peuple qui l'a élu. T. Roosevelt ne déroge pas cependant à la règle qui veut qu'un président ne soit accompagné que d'un nombre restreint de personnes. S'il bouscule les usages politiques, il a bien conscience que ses compatriotes demeurent

---

[20] Cf. son journal intime : Edith Kermit, Roosevelt, *Diary*, Theodore Roosevelt Collection, Houghton Library, Harvard University, Cambridge, Massachusetts.

attachés à une présidence non ostentatoire qui refuse les pratiques des cours européennes.

La délégation est modeste par sa taille mais son déplacement représente un défi logistique. Depuis 1833 et la présidence d'Andrew Jackson, les présidents utilisent régulièrement le train. Le déplacement outre-mer impose de recourir à d'autres options. Le président peut néanmoins compter sur la modernité des moyens de transport américains. T. Roosevelt embarque le 8 novembre à Washington sur un des deux yachts présidentiels, un moyen de transport à la disposition des présidents depuis les années 1870. Il rejoint ainsi le bord du cuirassé USS Louisiana qui le conduit sans encombre en six jours à Colon, sur la rive atlantique du Panama[21].

## Trois jours au programme intense

### *Au Panama*

Le président Roosevelt accoste en début d'après-midi, le 14 novembre. Le soir, le président Manuel Amador et son épouse viennent lui rendre visite. Le voyage officiel commence le lendemain et s'inscrit comme cette première soirée dans les codes d'une visite officielle. La délégation américaine rejoint en train la capitale, Panama, qui se situe sur la côte Pacifique du pays. Edith Roosevelt bénéficie d'une visite de la ville. Le président, soucieux d'en savoir plus sur les défis sanitaires locaux, inspecte un hôpital. Les deux présidents se retrouvent ensuite sur le parvis de la cathédrale tandis qu'un défilé de cavaliers menés par les musiques militaires traverse la ville. Les habitants se pressent aux fenêtres afin de profiter du spectacle[22].

Sans surprise, T. Roosevelt et M. Amador échangent salutations et remerciements selon les usages internationaux diplomatiques bien codifiés[23]. Le président panaméen se dit fier qu'un petit pays comme le sien soit la destination du premier voyage à l'étranger d'un président américain. Il ne manque pas de flatter son hôte dont il est

---

21 FRUS, *op. cit.*, p. 1194.

22 Cf. le film d'actualité tourné à l'occasion : https://www.loc.gov/item/mp76000087/ (réf. du 20 avril 2020)

23 Cf. notamment, Laurence Badel, *Diplomaties européennes,* Paris, Les Presses de Sciences Po, 2021.

dépendant : « Pour dépasser les oppositions et les obstacles, pour réorganiser le grand travail [le chantier du canal], pour saisir en un mot son immense ampleur, il fallait un homme supérieur et vous étiez cet homme ». Le président américain prend ensuite la parole sous les vivats de la foule qui l'interrompt à plusieurs reprises : « Monsieur le Président, Madame Amador, et vous, citoyens de Panama, pour la première fois dans l'histoire des États-Unis, un président américain foule le sol d'un territoire sous un drapeau autre que le sien. Le fait que cette visite se déroule au Panama est le symbole et la preuve des liens étroits unissant nos deux pays, qui furent établis grâce à nos relations particulières liées à la gigantesque entreprise de construction du canal de Panama »[24]. Tout est dit des priorités du président américain.

La visite est solennelle mais également festive. Un dîner offert par le président panaméen réunit ensuite une vingtaine d'invités américains et notamment des officiels du canal. Une réception est ensuite donnée par le président américain au Commercial Club pour 300 invités de la bonne société panaméenne et américaine. La journée se conclut par un feu d'artifice que les couples présidentiels admirent depuis le balcon du palais de la présidence[25]. Les Roosevelt continuent de cultiver la sociabilité des déplacements présidentiels le surlendemain. La première journée avait une dimension très protocolaire. La journée du 17 novembre est surtout destinée aux Américains qui contribuent à l'influence américaine au Panama. Le couple dîne ainsi à la résidence du directeur du chemin de fer du Panama, William Bierd. Le président souhaite encourager les investissements américains dans cet espace des Amériques que les Américains considèrent comme leur chasse gardée. Il préside ensuite un bal qui réunit 800 invités, pour l'essentiel des ingénieurs et des employés administratifs qui travaillent à la construction du canal. C'est une forme de reconnaissance pour le travail accompli mais également l'occasion de motiver les hommes pour faire encore mieux. Il en va de même le lendemain sur le chantier du canal.

---

[24] FRUS, *op. cit.*, p. 1195–1196.

[25] Edith Roosevelt, *op. cit.*, November 15, 1906.

## *Sur le chantier du canal en territoire américain*

Le président passe en effet la journée du 16 novembre dans la zone du canal sous contrôle américain. C'est le point d'orgue de sa visite. Il se rend sur le seuil de la Culebra, l'obstacle physique que les ingénieurs ont toutes les peines à vaincre. Theodore Roosevelt inspecte tel un chef de chantier. Voici le récit qu'il livre à son fils Kermit : « Là, les énormes pelles à vapeur ont les plus grandes difficultés à opérer. Il leur faut extraire d'énormes masses de roches, de graviers et de détritus précédemment détachés par les foreuses et les dynamiteuses, les charger dans des trains qui les emmènent vers une décharge, soit dans la jungle ou là où les barrages doivent être construits. Elles attaquent régulièrement la montagne en la coupant de bas en haut. […] C'est un exploit épique d'une immense importance », « la plus grande prouesse des ingénieurs de notre époque »[26]. Le président Roosevelt consacre également du temps à la visite des infrastructures de santé. Tous les rapports qu'il a lus démontrent leur impact sur l'avancée du chantier.

La visite présidentielle sur le canal se caractérise également par une forte dimension militaire. T. Roosevelt explique aux hommes qu'ils ont « gagné le droit à la gratitude du pays qui ne peut normalement être gagnée que par des soldats qui ont servi dans les grandes guerres de l'histoire ». Il leur promet des décorations à l'image des vaillants combattants de la guerre de Sécession[27]. Ces discours sont destinés à motiver les hommes en leur montrant combien le pays compte sur eux. Ils traduisent également une réalité militaire. La zone du canal constitue un enjeu sécuritaire pour les États-Unis. Elle abrite d'ailleurs le Camp Elliot des Marines. En tant que commandant en chef des armées, le président y passe du temps et ne manque pas de passer les troupes en revue.

---

26 « Roosevelt to Kermit Roosevelt, November 14, 1906 », in Elting E. Morison (ed.), *Letters of Theodore Roosevelt*, Cambridge, Mass, Harvard University Press, 1952, p. 495–497.

27 Theodore Roosevelt, « Speech Made by President Roosevelt to the Employees of the Isthmian Canal Commission in the Administration Building, Culebra, Canal Zone, November 16, 1906 », in *Society of Chagres 1911 Year Book*, Mt. Hope, I.C.C. Press, 1911, p. 15–16. Theodore Roosevelt, « Address of President Roosevelt to the Employees of the Isthmian Canal Commission, at Colón, Panama, November 17, 1906 », *Ibid*, p. 17–18 et 20.

## *Un président sur tous les fronts*

Les autorités panaméennes et américaines ont préparé avec minutie les différentes étapes du déplacement présidentiel. T. Roosevelt s'affranchit néanmoins du programme à plusieurs reprises. Il craint que les officiels cherchent à enjoliver la situation alors que lui cherche à comprendre ce qui dysfonctionne afin de trouver des solutions pour y remédier. Son message à ses compatriotes : « je vais voir là-bas comment la trouée [le chantier du canal] avance » doit être pris littéralement[28]. Au grand dam des agents du service secret, il multiplie les rencontres impromptues. Le premier jour de sa visite, les officiels panaméens, venus le chercher pour visiter un hôpital d'Ancon, ont la surprise de découvrir qu'il s'y est rendu par lui-même deux heures plus tôt. Sur le chantier du canal, il décide d'arrêter le train au seuil de la Culebra pour observer de plus près les machines en action. Il prend même les commandes d'une d'entre elles pendant 20 minutes. La photo fait la Une de la presse[29].

Le président progresse à pied sous la pluie – la visite a lieu pendant la saison des pluies – sur un sol boueux et glissant au milieu de la jungle tropicale. Les difficultés extrêmes du terrain ne l'arrêtent pas. Au contraire, il estime que cela lui permet de saisir la situation dans toutes ces difficultés. Il regrette même de ne pas pouvoir rester davantage. Il écrit à son fils : « nous découvrons le climat local dans ce qu'il a de pire. C'est exactement ce que je désirais »[30]. Personne ne s'en étonne. T. Roosevelt est un adepte des grands espaces rugueux de l'Ouest. Il n'a d'ailleurs pas hésité à quitter ses fonctions de secrétaire-adjoint à la Marine en 1898 pour aller combattre les Espagnols à Cuba.

Le président se distingue également en multipliant les échanges impromptus avec des hommes ordinaires. À Panama, il préfère au déjeuner organisé en son honneur au Tivoli la visite d'un mess où il partage l'ordinaire fait de soupe, de pommes de terre et de chili[31]. Sur le canal, il s'arrête le midi dans les cuisines. Il sait qu'une nourriture de qualité est indispensable au moral des hommes comme elle l'est dans l'armée. Le

---

28 « I'm Off for the Ditch », *op. cit.*

29 « The President Climbs a Canal Steam-Shovel », in *The New York Times*, 17 novembre 1906, p. 1.

30 Roosevelt to Kermit Roosevelt, November 20, 1906, *op. cit.*, p. 496.

31 David McCullough, *Path Between the Seas, The Creation of the Panama Canal, 1870–1914*, New York, Simon and Schuster, 1978, p. 495

président discute avec des ingénieurs, des employés affectés à des tâches de secrétariat mais également avec des ouvriers. Beaucoup viennent des Caraïbes et sont noirs. Il s'inquiète de leur santé et de leurs conditions de travail[32]. Le président s'inscrit dans la tradition d'accessibilité des présidents. Le choix de ses interlocuteurs sort cependant de l'ordinaire. L'Amérique vit à l'heure de la ségrégation et aux États-Unis, les noirs sont des citoyens de second ordre.

T. Roosevelt veut comprendre les défis que pose le chantier. Il souhaite aussi galvaniser les hommes pour que les travaux s'accélèrent. Ce faisant, il réinvente la présidence. Ses prédécesseurs ont tout au long du XIX^e^ siècle construit la norme d'un président qui doit être accessible tout en maintenant ses distances avec le peuple au nom de la dignité présidentielle. Les présidents saluent ainsi la foule à distance depuis la plateforme du terrain présidentiel. T. Roosevelt entretient un autre rapport à la fonction. Son corps présidentiel est bien réel. Le titre du *New York Times* du 17 novembre précise que le « président a été mouillé et couvert de boue » en grimpant sur une machine sur le canal. Le président déborde d'énergie et ne s'en cache pas. Au contraire, il cherche à projeter une image virile[33]. Plus le terrain est difficile, plus il semble rayonner.

## Un voyage qui traduit de nouveaux rapports de force

### *Une médiatisation sans précédent*

Les Américains peuvent suivre au plus près ses pérégrinations. Dès l'annonce de son déplacement, les journaux font part en détails des débats que fait naître ce premier voyage à l'étranger. Ils dépêchent ensuite des correspondants pour suivre le président dans son périple. Le voyage présidentiel fait la Une. Il faut dire que ce président flamboyant constitue un sujet idéal pour les journalistes. On pense notamment à l'épisode de la visite du chantier du canal dans la boue.

Aux États-Unis, la liberté de la presse est protégée par le premier amendement de la constitution, les Américains considérant qu'une presse

---

32 Theodore Roosevelt to George Otto Trevelyan, November 23, 1906, in *Letters of Theodore Roosevelt*, *op. cit.*, p. 499.

33 Thomas Snégaroff, *L'Amérique et son président, une histoire intime*, Paris, Dunod, 2018, p. 15.

libre concourt à la démocratie. Depuis George Washington, les voyages présidentiels sont d'ailleurs scrutés avec beaucoup d'attention par les journaux. Les choses prennent une nouvelle dimension avec Theodore Roosevelt. Celui-ci témoigne d'un grand sens de la communication. Depuis le début de sa carrière, il s'appuie sur les médias pour construire son image d'homme d'action. Arrivé à la Maison-Blanche, il invente la présidence médiatique[34] et s'en sert pour faire de l'exécutif le cœur de la vie politique américaine. Le président donne un large accès aux médias et leur distille les informations qui lui semblent utiles. Il espère aussi contrôler l'information. La Maison-Blanche s'efforce ainsi de minimiser dans sa communication la dimension panaméenne du déplacement car elle a conscience qu'une partie de l'opinion est hostile à l'idée d'un voyage à l'étranger. Au contraire elle donne à voir un président aux commandes, un homme fort seul en mesure de concrétiser le chantier du canal, l'incarnation de la nouvelle puissance américaine.

La presse écrite est au cœur du dispositif présidentiel dans la mesure où elle constitue la principale source d'informations des Américains. Le président s'appuie sur les médias traditionnels comme le *New York Times* mais aussi sur une presse populaire en pleine expansion qui a fait le choix du sensationnel et d'un discours nationaliste. Le sens de la communication présidentielle ne s'arrête pas aux frontières nationales. Le président cherche aussi à atteindre la presse étrangère et à travers elle les opinions publiques. Au Panama, il reçoit d'ailleurs sur son bateau les représentants des médias locaux.

T. Roosevelt a également compris tout le pouvoir de l'image et notamment des photographies dont l'usage se généralisent dans la presse. Il est l'un des hommes les plus photographiés de son époque, le premier président américain que les étrangers identifient sans peine. On comprend dès lors que la photographie le représentant juché sur une pelleteuse ait fait le tour de la presse mondiale. Homme de son temps, Theodore Roosevelt est aussi le sujet de films animés. Il nous reste d'ailleurs de son déplacement au Panama un court film muet d'une minute 55 qui a été tourné à l'occasion de la parade dans les rues de Panama et des discours prononcés sur le parvis de la cathédrale. L'auteur est inconnu

---

[34] Serge Ricard, « Theodore Roosevelt et l'avènement de la présidence médiatique aux États-Unis », in *Vingtième Siècle. Revue d'histoire*, 1996, 51, p. 15–26.

mais on pense que ce matériau était destiné à un film d'actualité réalisé avec l'accord de la Maison-Blanche[35].

En quelques années, Roosevelt s'est imposé comme le principal sujet des médias américains alors que jusque-là le traitement médiatique de la vie politique s'organisait autour du Congrès. Les journalistes n'en restent pas moins critiques. Parmi ceux chargés de couvrir son voyage au Panama on trouve d'ailleurs Poultney Bigelow, un de ses détracteurs les plus actifs, et qui le demeure à l'issue du voyage présidentiel.

## La nouvelle centralité de la présidence

Ce déplacement au Panama et sa couverture médiatique sont révélateurs d'une nouvelle centralité de la présidence dans la vie politique américaine. Theodore Roosevelt s'inscrit dans la tradition des présidents qui ont une interprétation large des pouvoirs de l'exécutif et renforce celui-ci aux dépens du Congrès[36]. C'est d'ailleurs à son époque que se modernisent les services de la Maison-Blanche autour de l'*Executive Office*. M. Latta qui l'accompagne au Panama en est une des chevilles ouvrières.

Theodore Roosevelt ne se sent pas limité par les traditions, et notamment par celle qui veut qu'un président ne se rende pas à l'étranger. Après avoir expliqué que son déplacement au Panama a uniquement pour but de faire un tour d'inspection, il finit par se féliciter que « ce voyage soit l'action [présidentielle] la plus importante en matière de politique étrangère »[37]. De retour aux Etats-Unis, il s'empresse de faire des recommandations aux responsables du chantier[38]. Il fait par ailleurs parvenir au Congrès le 17 décembre un rapport de mission. Puis il fait réaliser un ouvrage à sa gloire qui documente son déplacement. Ses opposants y voient une remise en cause des équilibres de politique étrangère et une atteinte aux droits du Sénat, le principal acteur de la vie diplomatique au sein du législatif.

---

35 Cf. https://www.loc.gov/item/mp76000087/ (réf. du 20 avril 2020).

36 André Kaspi, Hélène Harter, *Les présidents américains : de George Washington à Donald Trump,* Paris, Tallandier, 2018, p. 97–100

37 Wayne Andrews (ed.), *Theodore Roosevelt, The Autobiography of Theodore Roosevelt,* New York, Octagon Books, 1975, p. 274.

38 Roosevelt to Theodore P. Shonts, November 27, 1906, in *Letters of Theodore Roosevelt, op. cit.*, p. 504.

T. Roosevelt est le précurseur d'une nouvelle diplomatie américaine qui se structure de manière croissante autour du président. Le Sénat conserve le pouvoir de ratifier les traités mais il perd l'initiative en politique étrangère. Ce tournant tient à la personnalité du président mais également à la nouvelle place qu'occupent les États-Unis dans les relations internationales après leur victoire militaire contre l'Espagne en 1898.

## *La mise en scène de la nouvelle puissance américaine*

Il faut en effet lire le voyage présidentiel au Panama comme le signe de la nouvelle puissance américaine dans la région et de sa mise en scène par l'Administration. Tout au long de ses trois jours de voyage, T. Roosevelt ne cesse d'affirmer la puissance américaine, politique et militaire mais aussi technologique. La photo du président posant sur un engin de chantier est loin d'être anecdotique. Elle témoigne des avancées de la technologie américaine en cette période de révolution industrielle, incarnée à la fois par les ingénieurs et par les firmes telles que Marion qui fournissent les machines qui percent l'isthme. Elle donne à voir un chantier titanesque qui concourt à la puissance américaine et que seuls les États-Unis sont capables de mener à bien.

Le déplacement présidentiel ne se limite pas d'ailleurs au Panama et au chantier du canal. À l'aller comme au retour, T. Roosevelt fait escale à Porto Rico, territoire devenu américain à l'issue de la guerre hispano-américaine. Son moyen de transport n'a pas été non plus choisi au hasard. Le USS Louisiana est le cuirassé le plus imposant et le plus moderne de la flotte et il navigue escorté de deux nouveaux croiseurs, le Washington et le Tennessee. Le président n'a rien à craindre dans les eaux Atlantiques et caribéennes qui sont sécurisées par la Marine américaine depuis la guerre de 1898. Il a choisi surtout d'envoyer un signal de puissance aux autres pays. T. Roosevelt a fait sienne la théorie de l'amiral Mahan qui prône la supériorité de l'empire maritime. Sous sa présidence, il hisse la Marine américaine au 2e rang des flottes mondiales juste après la Grande-Bretagne. En 1906, il crée une flotte de l'Atlantique spécialement dédiée à la protection de cet océan frontière.

Il y a un « moment 1898 » dans l'histoire des États-Unis qui se traduit par l'acceptation de la puissance et un nouvel internationalisme. Si de nombreux Américains sont encore réticents à nouer des relations politiques avec les pays européens, ils soutiennent en revanche une politique plus offensive dans les Amériques maintenant qu'ils ont les moyens de concrétiser la doctrine Monroe énoncée en 1823 et de faire des Caraïbes leur chasse gardée. À l'issue de la défaite espagnole, ils ont pris le contrôle de Cuba et de Porto Rico. Le 6 décembre 1904 le président Roosevelt énonce le corolaire à la Doctrine Monroe, la doctrine Roosevelt, qui justifie l'interventionnisme américain dans les Amériques. Il était dès lors logique que le premier voyage d'un président à l'étranger ait pour cadre l'espace des Caraïbes.

Cela a en plus le mérite de préparer en douceur les Américains aux voyages à l'étranger dans la mesure où cette région est sous influence américaine. La relation entre les États-Unis et le Panama est en effet clairement asymétrique même si dans les discours échangés avec le président panaméen, T. Roosevelt parle de « partenariat », « d'égalité généreuse entre les deux républiques ». Il avertit cependant aussi ses interlocuteurs que les États-Unis interviendraient militairement si leur pays connaissait une révolution. La stabilité de la région est indispensable pour les intérêts américains[39]. Somme toute, ce déplacement au Panama comporte des enjeux bien plus importants que la tournée d'inspection que le président a vanté à ses concitoyens.

## Conclusion

Le déplacement présidentiel a l'effet escompté. Le chantier s'accélère et en août 1914, le canal est enfin opérationnel. C'est néanmoins au prix d'un fort anti-américanisme dans la région. Ce n'est en effet qu'en 1999 que les Panaméens retrouveront le contrôle de la zone du canal. À l'échelle des États-Unis, ce voyage présidentiel constitue une rupture dans les usages politiques. Le voyage à l'étranger révèle le président comme le nouvel acteur central de la politique étrangère américaine mais également du système politique aux dépens du Congrès. L'accession à la puissance internationale fait du président une figure incontournable de la vie politique. L'opinion n'est pas encore totalement prête à cette évolution ; ce qui explique que Theodore Roosevelt se limite à ce seul voyage. Il crée cependant un précédent. Son successeur William Taft se rend au Mexique. En 1919, Woodrow Wilson franchit une étape supplémentaire en passant de longues semaines en Europe dans le cadre de négociations de paix. Le

---

39 « Roosevelt Delivers Warning to Panama; Tells the Country to Beware of Revolutions », in *New York Times*, November 16, 1906.

rejet de l'Europe est cependant tel à cette époque que les Américains ne ratifient pas finalement le traité de Versailles. C'est seulement l'acceptation de la superpuissance en 1945 qui permet de rendre acceptables pour les Américains les voyages présidentiels à l'étranger et qui en font un outil de choix des présidents dans leurs relations avec le reste du monde.

# Rattraper et dépasser Nikita : Brejnev en Amérique (16–25 juin 1973)

ANDREÏ KOZOVOÏ
*Université de Lille*

« Le meilleur homme politique parmi nous » (« *The best politician in the room* ») : c'est ainsi que Richard Nixon qualifie Leonid Ilitch Brejnev, soixante-cinq ans, secrétaire général du Parti communiste d'Union soviétique (PCUS) depuis octobre 1964, au cours d'une conférence de presse pendant le sommet de Washington (18–25 juin 1973)[1]. La réplique de Nixon illustre bien la manière dont le président américain flatte son invité, son partenaire dans le processus de « détente », au cours de ce sommet ; même si des arrière-pensées doivent ici être prises en considération, Nixon est aussi réellement impressionné par les qualités de son interlocuteur.

Le sommet de Washington s'inscrit dans la continuité du sommet de Moscou de mai 1972, une « percée » dans les relations soviéto-américaines, qui s'est tenu en dépit du contexte vietnamien – Moscou mène alors une guerre indirecte contre Washington au Vietnam et la visite de Nixon avait été à deux doigts d'être annulée. En 1973, les Accords de Paris mettent fin à l'intervention américaine au Vietnam, ce qui revient pour Moscou à une victoire. De fait, le sommet de Washington a lieu au moment où l'URSS et Brejnev en particulier se situent à un pic de popularité. Brejnev, un dirigeant alors actif loin du vieillard impotent et sénile des dernières années de sa vie – image qui est, elle aussi, à manier avec prudence[2] – endosse le rôle d'un « architecte de la détente ». Cette « détente » poursuit la politique de rapprochement avec

---

1 Hedrick Smith, « A salesman works the territory », *The New York Times*, 24 juin 1973, p. 1.

2 Sur l'ascension de Brejnev et le sommet de Washington dans le contexte de la « détente », voir mon livre, *Brejnev, l'antihéros*, Paris, Perrin, 2021. Les principales sources pour ce voyage, côté soviétique, sont les Mémoires de l'ambassadeur Anatoli Dobrynine, et ceux des deux interprètes de Brejnev, l'expérimenté Viktor Soukhodrev (qui avait déjà accompagné Khrouchtchev en 1959) et le jeune Andreï Vavilov. Côté américain, l'édition électronique *RN : The Memoirs of Richard Nixon*, Simon &

l'Occident appelée « coexistence pacifique » sous Khrouchtchev[3]. Pour Brejnev, qui commence alors à utiliser son passé d'ancien combattant de la « Grande Guerre patriotique » à des fins de glorification personnelle et de légitimation politique, la détente est utile pour plusieurs raisons. D'un côté, elle doit permettre de renforcer la sécurité de l'URSS et dans le même temps, lui assurer des crédits nécessaires à son développement économique dans le contexte de la « troisième révolution industrielle ». La détente est aussi, on s'en doute, un moyen d'accroître le prestige de l'URSS, son rayonnement international et par ricochet, celui de Brejnev lui-même.

En effet, ce qui nous importe ici est moins les discussions et les accords signés pendant le sommet que la dimension symbolique du voyage de Brejnev, en tant qu'il contribue à son rayonnement. Pour Brejnev, le séjour américain, dans la continuité de son voyage à Paris (1971), lui permet de prendre l'ascendant sur le reste de la « direction collective » et d'abord sur Alexeï Kossyguine, chef du gouvernement, qui s'était rendu aux États-Unis en juin 1967 pour le mini-sommet de Glassboro avec le président Johnson.

Aux yeux des observateurs, le voyage américain permet à Brejnev de se montrer en dirigeant « normal » – crédible, honnête et surtout aimable –, loin du tyran qui avait donné l'ordre d'envoyer les chars pour écraser le Printemps de Prague, mais aussi loin du « dirigeant communiste typique », un type pas très fréquentable, que l'imprévisible et effrayant Khrouchtchev avait contribué à diffuser dans l'imaginaire collectif américain au cours de sa tournée « épique » de treize jours, en septembre 1959[4]. Pour « rattraper et dépasser Nikita »[5], Brejnev bénéficie du soutien de son « ami » Richard Nixon, qui tout à la fois l'honore, le protège et l'aide à se libérer pendant son voyage[6].

---

Schuster, 2013 (leur première édition date de 1978, en français chez Stanké) et Henry Kissinger, *Les années orageuses*, t. 2, Paris, Fayard, 1982.

3 La ligne de la « coexistence pacifique » avait été proclamée par Nikita Khrouchtchev lors du XX^e^ Congrès du PCUS, en février 1956.

4 Le meilleur récit du voyage de Khrouchtchev est celui de Peter Carlson, *K blows top: a Cold War comic interlude*, PublicAffairs, 2009.

5 Je reprends ici le célèbre slogan de l'ère Khrouchtchev, « rattraper et dépasser l'Amérique ». Andreï Kozovoï, *Russie : réformes et dictatures*, Paris, Perrin (Tempus), 2017, p. 67–69.

6 Sur « l'amitié » entre Brejnev et Nixon et le rôle des émotions en diplomatie, voir Donald J. Raleigh, « 'I speak frankly because you are my friend': Leonid Ilich personal

## Brejnev honoré

En septembre 1959, le président américain Dwight Eisenhower avait accueilli Khrouchtchev un peu malgré lui, le leader soviétique avait alors forcé l'invitation de la Maison-Blanche. L'incertitude planant sur la fonction réelle du Soviétique – chef de Parti ou chef d'État ? – s'était reflétée dans une certaine incertitude protocolaire, poussant Khrouchtchev à accomplir son périple américain sans son homologue. En 1973, Brejnev visite les États-Unis de manière on ne peut plus officielle et les honneurs qui lui sont faits sont ceux d'un véritable chef d'État. L'organisation des cérémonies repose sur le principe de réciprocité, y compris dans les détails a priori insignifiants, comme l'annonce, le soir du lundi 18 juin, pour l'arrivée de Brejnev au premier dîner officiel, par le majordome de la Maison-Blanche : « Mesdames et Messieurs ! Le secrétaire général du Parti communiste d'Union soviétique ! ». Ce même principe de réciprocité explique le passage de Brejnev à la télévision américaine, un précédent, à la fin de son séjour. Brejnev parle pendant quarante-sept minutes et en gros plan. L'année précédente, Nixon en avait fait de même à Moscou. La réciprocité constitue le pilier de la politique de détente entre les deux superpuissances, mais elle est aussi le fruit d'une attitude qu'on pourrait qualifier d'amicale de Nixon envers Brejnev. Les deux hommes ont correspondu depuis l'arrivée de Nixon à la Maison-Blanche en 1969 et la bonne entente s'est confirmée en mai 1972 à Moscou. Nous sommes au cœur de ce que Brejnev désigne par l'expression de « diplomatie interpersonnelle », une diplomatie axée autour du principe de bonne entente entre les dirigeants et de contacts directs, épistolaires ou physiques, qui évitent autant que faire se peut de passer par les canaux diplomatiques classiques. Cette diplomatie intègre l'idée que les discussions portent non seulement sur des problèmes d'actualité, mais aussi sur un passé d'entente commun qui doit servir de référence.

Cette idée de diplomatie porte ses fruits. Dans ses échanges avec son célèbre conseiller pour la sécurité nationale, Henry Kissinger, Nixon décrit Brejnev comme un dirigeant sincère, un homme de chair et de sang, tout le contraire de Staline, « un salopard au cœur froid » *(a cold bastard)*. Nixon, qui a aussi été sur le front[7] et qui s'est rendu en URSS en

---

relation with Richard M. Nixon », *The Soviet and Post-Soviet Review*, avril 2018 (45/2), p. 151–182.

7 Un parallèle intéressant mérite ici d'être fait entre un Brejnev qui, sans jamais avoir vraiment combattu (il était « officier politique »), est devenu général, et Nixon, un

1958, alors en tant que vice-président[8], cultive, lui aussi, le souvenir de la période de la Grande Alliance, disant à plusieurs reprises être sensible à l'immense sacrifice consenti par l'URSS pour sa victoire, estimant que ce pays mérite amplement une reconnaissance internationale.

Cette perception très positive de l'URSS en général et de Brejnev en particulier explique que Nixon ait eu tendance à « honorer » son hôte au-delà du simple protocole. Le séjour de Brejnev surpasse celui de Khrouchtchev en 1959 par les moyens mis en œuvre et l'accueil réservé au secrétaire général. Chaque jour, Nixon se met en quatre pour divertir son hôte par « toutes sortes de surprises agréables », comme le dit Brejnev lui-même. À titre d'exemple, on peut citer la somptueuse Lincoln Continental que Nixon offre à Brejnev pendant son séjour à Camp David. Brejnev, fidèle à sa réputation de passionné de voitures, s'installe aussitôt au volant et emmène le président américain pour un tour mouvementé qui donne à Nixon des sueurs froides.

Le cadeau de la Lincoln n'est pas, il convient de le souligner, un précédent en soi. Avant Nixon, le président Pompidou, lors de la visite de Brejnev en France en 1971, avait déjà cherché à séduire le secrétaire général en lui offrant une Renault. Plus globalement, ces cadeaux participent de ce qu'on pourrait appeler la culture du « don diplomatique », aux racines anciennes[9]. Avec ce cadeau, Nixon cherche à préparer Brejnev à des nouvelles susceptibles de le décevoir, notamment le fait que les États-Unis ne pourront pas, pour l'instant, accorder à l'URSS le précieux statut de « nation la plus favorisée » dans le domaine commercial. Il s'agit aussi pour Nixon de pousser Brejnev à appuyer la conclusion d'accords commerciaux avec des sociétés américaines qui pourraient s'implanter en URSS, à l'instar de Fiat qui avait ouvert une usine dans la ville de Togliatti dans les années soixante. Nixon pense notamment au président de Pepsi-Cola, Donald Kendall, qui réussira à livrer aux Soviétiques une usine « clés en main » (court-circuitant son éternel rival, Coca-Cola),

---

officier du secteur logistique de l'armée de l'Air sur le front du Pacifique, qui fut décoré de deux *service stars* sans jamais, lui aussi, avoir participé directement à un combat.

8 Sur la visite de Nixon de 1958, qui a donné lieu au fameux « débat des cuisines », voir la synthèse de Shane Hamilton et Sarah T. Phillips, *The Kitchen debate and Cold War consumer politics*, Bedford Books, 2014.

9 Sur les manifestations anciennes des « cadeaux diplomatiques » : Zoltan Biedermann, Anne Gerritsen et Giorgio Riello, dir., *Global gifts. The material culture of diplomacy in early modern Eurasia*, Cambridge University Press, 2017.

obtenant en échange l'exclusivité de la distribution des vins soviétiques aux États-Unis.

Honorer Brejnev est aussi, pour Nixon, une manière de gagner un sursis alors que le scandale du Watergate prend de l'ampleur[10]. Début juin, le public américain apprend que John Dean, ancien conseiller à la Maison-Blanche, avait discuté de nombreuses fois avec Nixon des fameux mouchards. Sa déposition, qui doit se tenir à la mi-juin, est reportée – elle se tiendra après la visite de Brejnev. L'image d'un président qui négocie la paix avec les Soviétiques après l'avoir fait avec la Chine doit, pour Nixon, se substituer à une autre image, celle d'un politicien machiavélien, un homme cynique qui sacrifie ses alliés pour sauver sa peau. Brejnev et d'autres Soviétiques apportent tout leur soutien en privé, mais aussi en public, à Nixon, en disant ne pas pouvoir comprendre comment un homme d'État de son envergure peut être « traîné dans la boue » de la sorte.

## Brejnev protégé

Le lundi 18 juin 1973, deux jours après son arrivée, Brejnev prononce un discours, son premier, devant la Maison-Blanche : « C'est ma première visite à votre pays, ma première rencontre avec l'Amérique et le peuple américain ». En réalité, au cours de sa visite, les contacts avec « le peuple américain » seront très rares et n'auront rien de spontané – tout le contraire des bains de foule de Nikita Khrouchtchev en 1959.

Certes, au cours de cette même cérémonie du 18 juin, Brejnev, affichant un large sourire, serre la main de plusieurs personnes présentes pour la circonstance, dans une foule qu'on imagine triée sur le volet. Il ressemble alors à « n'importe quel homme politique américain », consigne Nixon dans ses Mémoires. Mais pendant le reste du séjour, même ce genre de rencontre n'est plus à l'ordre du jour. Le 25 juin, quand Brejnev décolle de la base militaire d'Andrews en direction de Paris à la rencontre de Pompidou, il n'y a pas de foule pour le saluer en dehors du personnel de la base et de leurs familles. Pendant son allocution télévisée, Brejnev demande d'ailleurs pardon aux Américains de n'avoir pas suffisamment été en contact avec eux et promet de revenir pour un nouveau sommet au cours duquel il ira à leur rencontre de manière plus informelle.

---

10 George Ayache, *La Chute de Nixon*, Paris, Perrin, 2020.

Officiellement, la raison qui explique cet isolement relatif tient à des considérations de sécurité. Quand Kissinger était venu au printemps en URSS préparer sa visite, Brejnev lui avait clairement fait comprendre ses attendus en la matière :

> En 1972, en dépit de vos bombardements brutaux sur le Vietnam, nous avons tout fait pour accueillir chaleureusement Nixon. J'ai bien conscience qu'ils ne vont pas agiter des drapeaux rouges sur mon passage, mais je compte sur le président pour limiter l'impact d'éventuels troubles, et notamment des actions directes.[11]

On pourrait s'en étonner dans la mesure où, au cours de sa visite, Khrouchtchev avait été confronté, dans toutes les villes visitées, à des publics particulièrement remontés contre le dirigeant communiste et plus d'une fois, les services de sécurité avaient dû faire face à une menace d'attentat. Mais depuis 1959, la vie politique américaine a été émaillée de plusieurs assassinats – les frères Kennedy et Martin Luther King pour ne citer que les plus connus –, tous largement relayés par les médias soviétiques. En 1969, Brejnev lui-même a été visé par une attaque, même si le tireur s'est trompé de cible[12].

Brejnev craint d'être la cible d'un tireur, d'un attentat, mais il est aussi déstabilisé par des manifestations hostiles, comme ce fut le cas avec Kossyguine, pris à partie par un ressortissant d'origine hongroise lors de sa visite au Canada en 1971. Avec un dirigeant représentant un régime totalitaire qui opprime sa population, les arguments ne manquent pas, mais ils pourraient alors surtout s'appuyer sur le traitement des Juifs soviétiques, de plus en plus nombreux à vouloir émigrer en Israël, sans succès, question qui devient une pierre de discorde entre l'URSS et l'Occident à cette époque[13]. Adoptant d'abord une posture conciliante, proposant de ne pas appliquer (à la lettre) la législation draconienne en matière d'émigration, Brejnev se voit contraint de changer son fusil d'épaule début 1973 après que les dirigeants égyptiens, des alliés, se sont plaints du fait que les émigrés soviétiques venaient grossir les rangs de l'armée israélienne.

Le message de Brejnev est reçu 5/5 – Nixon n'est pas un grand ami du « lobby juif » –, dont le principal appui au Congrès, le sénateur démocrate

---

[11] Andreï Kozovoï, *Brejnev*, *op. cit.*, p. 243.

[12] Andreï Kozovoï, *Russie, réformes et dictatures*, Paris, Perrin, 2017, p. 167–169.

[13] Pauline Peretz, *Le combat pour les juifs soviétiques*, Paris, Armand Colin, 2006.

Henry Jackson, est devenu au fil des ans la bête noire des Soviétiques, mais aussi de la Maison-Blanche. Pour tenter d'apaiser ses détracteurs, à la fin de son séjour, Brejnev passe plus de quatre heures à débattre avec vingt-cinq sénateurs, parmi lesquels Jacob Javits, l'un des plus ardents défenseurs de la cause des *refuzniks*, en disant (contre l'évidence) que les Juifs soviétiques sont « libres de partir ».

Aux raisons sécuritaires s'ajoutent des raisons personnelles – la fatigue de Brejnev. L'âge n'y est pas vraiment pour quelque chose, Khrouchtchev et Brejnev viennent aux États-Unis quand ils sont tous deux sexagénaires. Mais Brejnev est un homme qui n'a jamais eu l'énergie débordante de son prédécesseur. Depuis l'époque où il a officié en république soviétique de Moldavie, après la guerre, et surtout depuis le stress subi par l'invasion de la Tchécoslovaquie, il souffre de problèmes de cœur et d'insomnie chronique. Ce dernier facteur explique sa difficulté à s'habituer au décalage horaire. Le secrétaire général a beau porter deux montres, une réglée à l'heure de Moscou, l'autre de Washington, il les confond fréquemment. Il est vrai aussi que les États-Unis sont sa quatrième destination à l'étranger depuis le début de l'année, après la Tchécoslovaquie en février, la Pologne et surtout la RFA en mai, une première pour un Soviétique.

Nixon tente de dissiper l'impression négative produite par un sommet aux résultats plutôt mitigés et surtout, d'un dirigeant soviétique « pleutre » qui évite les bains de foule, en invitant Brejnev à clore son voyage par une visite de deux jours, les 22 et 23 juin, à son ranch californien de San Clemente, surnommé « la Maison-Blanche occidentale ». Brejnev accepte contre l'avis des médecins qui l'accompagnent et qui craignent à juste titre que le climat californien, trop chaud, ne lui soit fatal. Il le fait pour ne pas froisser son « ami », mais aussi, certainement, parce que la dimension symbolique du lieu le séduit : le ranch s'appelle la « Casa Pacifica », la « Maison de la Paix », et le principal accord signé à Washington, pour Brejnev, porte justement sur la promesse que les États-Unis ne feront pas la guerre à l'URSS. Il le fait aussi, on peut le supposer, pour « rattraper et dépasser » Khrouchtchev, dont la visite de la Californie avait produit une impression pour le moins mitigée.

Le 18 septembre 1959, à peine débarqué à Los Angeles, Khrouchtchev avait été froidement accueilli par un maire très anticommuniste, Norris Poulson. Il avait ensuite débattu avec Spyros Skouras, l'immigré grec devenu président de la 20th Century-Fox, l'un des plus grands studios hollywoodiens, devant un panel d'acteurs prestigieux (entre autres, Marilyn Monroe, Shirley MacLaine, Dean Martin et Frank Sinatra) d'abord hilares, puis de plus en plus mal à l'aise face à la tonalité hystérique du débat. Ayant appris qu'il ne pourrait se rendre à Disneyland en raison de problèmes de sécurité, Khrouchtchev avait piqué une colère noire. À l'inverse, la visite de Brejnev au ranch de Nixon se déroule, comme le reste du séjour, à l'abri des regards indiscrets. Aucun intrus ne vient jouer les trouble-fêtes. Les invités, acteurs et hommes politiques locaux, sont triés sur le volet. Ce sont tous des amis de Nixon et/ou des sympathisants du président qui, globalement, font pâle figure à côté de ceux qu'on pouvait voir en septembre 1959.

## Brejnev libéré

Le samedi 16 juin, Brejnev vient d'arriver à Camp David, lieu de villégiature des présidents américains au nord-ouest de Washington, où il doit se reposer en attendant le début du sommet, lundi. Nixon, qui se repose alors en Floride, appelle Brejnev pour lui souhaiter la bienvenue. « Je ne l'ai jamais entendu aussi amical et aussi désinhibé qu'au téléphone cet après-midi », écrit-il dans ses mémoires :

> Je lui ai dit que je voulais lui souhaiter la bienvenue aux États-Unis. Même avant que Dobrynine [Anatoli Dobrynine, l'ambassadeur soviétique], qui était sur un autre poste comme interprète, ait pu faire la traduction, Brejnev dit à trois ou quatre fois : *Thank you* en anglais.[14]

Brejnev est un dirigeant qui a l'expérience du déplacement diplomatique depuis l'époque où il avait occupé le poste, purement honorifique, de Président du Présidium du Soviet suprême d'URSS jusqu'à ces dernières années où il a multiplié les excursions hors du territoire normalement réservé au chef de Parti – les pays communistes européens –, empiétant de plus en plus sur le domaine du Premier ministre soviétique, Kossyguine. L'euphorie de Brejnev à son arrivée à Camp David traduit cependant bien plus que la joie d'un dirigeant parvenu à destination après un long périple. Elle est aussi celle d'un Soviétique moyen qui se réjouit à l'idée de se retrouver aux États-Unis, un pays qui fait l'objet de fantasmes, y compris dans les plus hautes sphères et où les touristes soviétiques ne se rendent que de manière exceptionnelle[15].

---

[14] Richard Nixon, *op. cit.* (édition française), p. 630.

[15] Andreï Kozovoï, « Eye to eye with the "main enemy": Soviet youth travel to the United States », *Ab Imperio*, 2011, 2, p. 221–237.

La coupure physique (presque 8000 km de Moscou à Washington) entraîne presque inévitablement un relâchement dans l'usage des « codes idéologiques » auxquels Brejnev aurait probablement dû sacrifier s'il avait été chez lui, au Kremlin. Ainsi, au cours de sa première discussion officielle avec Nixon, lundi 18 juin, dans le Bureau ovale de la Maison-Blanche, il rassure son interlocuteur qui lui reproche la tonalité vindicative, antiaméricaine de son récent discours au plénum du Comité central du PCUS, en avril :

> Soyez tranquille, s'il m'arrive de dénoncer l'impérialisme américain, c'est uniquement pour rassurer notre population. Ma position personnelle est celle que je vous exprime ici et maintenant.[16]

Brejnev se montre encore plus « libéré » dans la soirée du 20 juin, après un dîner où se sont succédé les toasts plus dithyrambiques les uns que les autres. Après plusieurs verres de vodka, en présence de Nixon et de son principal interprète, Viktor Soukhodrev, il s'épanche, jetant l'opprobre sur ses partenaires de la direction collective, Kossyguine et Nikolaï Podgorny (président du Soviet suprême), disant qu'il a le plus grand mal à les convaincre du bien-fondé de sa vision de la détente. Ce numéro de séduction semble produire son effet sur Nixon : « Ce type croit vraiment en notre amitié ! », confie-t-il à Kissinger le lendemain. Et de noter, des années plus tard, dans ses Mémoires :

> J'avais trouvé Brejnev plus intéressant et plus remarquable que lors de notre première rencontre [à Moscou en 1972]. Loin des contraintes du Kremlin, il était capable de céder quelque peu aux côtés les plus humains et les plus politiques de sa personnalité.[17]

Bien sûr, il convient encore une fois de se montrer prudent, de distinguer ce qui relève de l'émotion sincère et du simulacre. Brejnev se plaît depuis longtemps à jouer : durant sa jeunesse, il a nourri des ambitions théâtrales, ce qui l'a certainement aidé à s'adapter, à se faire caméléon politique qui a dû, au cours de sa longue carrière, s'adapter à des contextes très divers et d'abord la période de la Grande Terreur (à la fin des années trente). Il n'en reste pas moins que, venant d'un politicien qui s'y connaît certainement en simulacres, Nixon, l'idée d'un Brejnev « libéré » n'est pas à balayer d'un revers de la main.

---

16 Andreï Kozovoï, *Brejnev*, *op. cit.*, p. 245.

17 Richard Nixon, *op. cit.* (édition française), p. 638.

Ce qui nous permet aussi de l'affirmer, c'est un autre élément important, l'absence de la « bride familiale ». Contrairement à Khrouchtchev, venu aux États-Unis en compagnie de sa femme Nina, de son fils Sergueï et de sa belle-fille, Brejnev vient seul. Il l'explique par le fait que le régime alimentaire strict que suit son épouse Viktoria, diabétique, rend impossibles ses déplacements à l'étranger, d'autant qu'elle souhaite alors rester aux côtés de son petit-fils, Andreï, qui passe l'équivalent du baccalauréat. Des considérations de sécurité ont également pesé dans la balance, ce dont Brejnev est certainement conscient : des rumeurs, peut-être fondées, prêtent à Viktoria des origines juives qui, dans le contexte de combat pour la cause des *refuzniks* vu précédemment, risquent d'être exploitées par les manifestants.

Sans doute aussi, Brejnev a voulu profiter de ce voyage pour « prendre du bon temps ». En dépit de son âge, il a toujours une réputation de séducteur, qu'il cultive. Cette fois, c'est une hôtesse de l'air d'Aeroflot qui a le privilège de jouer le rôle de « maîtresse d'un jour ». Viktor Soukhodrev, son principal interprète, rapporte dans ses Mémoires que Brejnev ne s'en cache d'ailleurs pas, bien au contraire, la présentant à Nixon lors de leur première rencontre. Son autre interprète, Andreï Vavilov, rapporte quant à lui un échange révélateur, l'après-midi du 23 juin, pendant la *pool party* du ranch de Nixon, où Brejnev se fait discret. « [Elle a tenu] un rôle plutôt déshabillé », commente Vavilov en désignant du regard la compagne de Kissinger, Jill St John, actrice connue pour son interprétation de la « James Bond girl » dans *Les Diamants sont éternels* (1971). Et Brejnev de laisser traîner son regard sur la silhouette de St John, l'accompagnant de ce commentaire envieux et approbateur digne du « vieux Lion » qu'il est : « Henry est imbattable ! » Une photo prise sur le vif confirme d'ailleurs les dires de Vavilov.

Là aussi, Brejnev se démarque à sa manière de Khrouchtchev qui, après avoir assisté au tournage d'une scène de *Can-Can* (1960), film inspiré par l'opéra d'Offenbach, avait affiché, devant les journalistes, le visage du Soviétique « moralement irréprochable » avec ce commentaire : « Le visage de l'humanité est plus beau que son postérieur[18]. »

---

[18] La réplique de Khrouchtchev illustre aussi la fameuse hypocrisie soviétique, en ce qu'elle traduit un « code de bonne conduite » que tout touriste soviétique se doit de respecter à l'étranger, en public en tout cas, pour éviter les pièges. À ce sujet, I. Orlov et A. Popov, *Russo Turisto. Le tourisme soviétique à l'étranger, 1955–1991*, Moscou : Haute École d'économie, 2016.

Surtout, Brejnev donne l'impression d'être « libéré » sur le plan idéologique, en affichant une américanophilie qui, même en cette époque de détente où l'antiaméricanisme traditionnel dans les médias soviétiques est mis en sourdine, pourrait paraître mal venue pour les « faucons » du Kremlin. Une fois de plus, c'est l'escapade californienne qui en fournit un exemple saisissant quand, pendant la *pool party* de Nixon, Brejnev fait la connaissance d'un acteur de westerns de série B, Chuck Connors[19]. Connors lui offre alors deux revolvers, nouveau cadeau destiné au Brejnev – chasseur et collectionneur d'armes à feu, mais aussi à conforter dans ses goûts le Brejnev amateur de westerns. Les goûts du dirigeant soviétique en la matière reflètent une fois de plus ceux du Soviétique moyen[20]. Brejnev apprécie le cadeau et son nouvel « ami » dans les bras duquel il se jette littéralement à l'aéroport – des images que le public soviétique ne verra pas par crainte de montrer Brejnev sous un jour ridicule[21].

La sincérité de Brejnev pourrait être mise en doute par le fait que Connors est ensuite invité en URSS, en décembre, avec comme objectif d'en faire un acteur de la « médiation culturelle », pour améliorer l'image de l'URSS aux États-Unis et y raconter la version de la Seconde Guerre mondiale selon laquelle la victoire n'aurait certainement pas été possible sans les Soviétiques en 1945. Mais la présence des armes offertes par Connors sur des photos prises au cours de parties de chasse témoigne du fait que pour Brejnev, ce sont des souvenirs chers à sa mémoire.

Si le sommet de Washington n'a pas marqué les annales de la diplomatie, Brejnev a, de son côté, certainement « rattrapé et dépassé Nikita », en ce que son voyage américain donne l'impression d'une « lune de miel » soviéto-américaine, d'une célébration à l'abri des regards. Honoré, protégé et désinhibé par son hôte, Richard Nixon, Brejnev a sans doute vécu l'un des moments les plus agréables de sa longue carrière de dirigeant-voyageur et en même temps de dirigeant-acteur alors au sommet

---

19 Andreï Kozovoï, « Des canons et des muses : Dean Reed et Chuck Connors, deux artistes américains au service du Kremlin », *Revue d'histoire diplomatique*, 2018, p. 391–406.

20 Sur l'américanophilie en URSS au cours du « brejnévisme tardif », et sur les films étrangers que peuvent voir les Soviétiques : Andreï Kozovoï, *Par-delà le Mur. La culture de Guerre froide soviétique entre deux détentes*, Paris, Complexe, 2009.

21 « Soviet cowboys: when Leonid Brezhnev meets Chuck Connors » sur https://www.youtube.com/watch?v=8vvMJlYhUqU&t=52s (consulté le 4 mai 2021).

de son art. Ce voyage le conforte dans l'idée qu'une « amitié exclusive » à l'abri des imprévus, des tensions et des crises, avec son « partenaire » américain est possible, à l'opposé des zigzags de son prédécesseur, quand, au voyage de Khrouchtchev en 1959 avait succédé la crise de l'U2 en 1960, celle de Berlin en 1961 et enfin, la plus grave crise de la Guerre froide, celle des missiles de Cuba en octobre 1962.

Et de fait, le sommet de 1973 porte des fruits plus durables que celui de 1959. À l'automne, la guerre du Kippour, conséquence anticipée par Brejnev des tensions au Proche-Orient que les discussions à Washington n'ont pas permis d'apaiser, constitue une épreuve pour la détente, mais l'état de bonnes relations, en dépit de nombreuses arrière-pensées de chaque côté, est tel, qu'elle y survit sans trop de dommage. Un troisième sommet est organisé en 1974. Les bonnes relations survivent même à la démission de Nixon, avec un sommet à Vladivostok avec Ford, fin 1974, avec lequel Brejnev tente d'instaurer le même contact « exclusif », mais cette fois-ci, sous le poids de ses problèmes de santé et de la politique étrangère plus entreprenante, pour ne pas dire plus hasardeuse du Kremlin sur la scène internationale, en Afrique notamment, la détente commence à se fissurer.

Le voyage de 1973 laisse une empreinte dans la culture diplomatique soviétique perceptible au cours du sommet américano-soviétique suivant aux États-Unis, en décembre 1987, entre Reagan et Gorbatchev. Ce sommet est le troisième qui réunit Gorbatchev et Reagan, mais le premier qui soit considéré comme un véritable succès. Exploitant les points forts de la visite de Khrouchtchev – son « sens du contact » avec les foules –, Gorbatchev fait appel en même temps, sans l'avouer naturellement, à la stratégie qui a contribué au succès de la « détente » brejnévienne – et d'abord, l'idée de « diplomatie interpersonnelle » ou l'art de produire l'impression d'une amitié ou du moins d'une connivence entre dirigeants. Certainement, la visite de Brejnev constitue pour Gorbatchev un horizon à dépasser et il y parvient, il faut le noter, sans « escapade californienne »[22].

[22] James Wilson, *The Triumph of improvisation. Gorbachev's adaptability, Reagan's engagement, and the end of the Cold War*, Cornell University Press, 2014, p. 135–138.

# Les voyages à l'étranger des présidents de la République italienne (1946–1971)

Alessandro Giacone
*Université de Bologne*

Cette communication aura pour objet les voyages des présidents italiens au cours des 25 premières années de la République italienne. Le quart de siècle 1946–1971, qui correspond au mandat des cinq premiers chefs d'État républicains, est marqué par une augmentation du nombre des déplacements présidentiels, une tendance qui s'accentue encore davantage dans les décennies suivantes. Au-delà des progrès techniques (notamment ceux de l'aviation) qui ont rendu plus aisés les voyages, il existe des caractéristiques particulières de l'Italie, liées à son statut de nation vaincue de la Seconde Guerre mondiale que l'on abordera en parlant des deux premiers mandats présidentiels.

Il convient tout d'abord de préciser les différents types de déplacements présidentiels, qui en fonction de leur importance protocolaire décroissante, se déclinent en visite d'État, en visite officielle, en rencontre et en visite privée. Au sein d'un même voyage, le séjour peut d'ailleurs comporter des visites de nature différente, allant de la visite d'État à la simple escale. Il est cependant de tradition que lorsqu'un président de la République traverse le territoire d'une nation, ne serait-ce que son espace aérien, il adresse au moins un message à son homologue étranger. Il est donc difficile d'énumérer avec précision la nature des 39 déplacements présidentiels qui ont lieu de 1946 à 1964. En simplifiant les données présentées dans le tableau ci-dessous, on peut dénombrer 18 visites d'État, 14 visites officielles et 7 visites non officielles (participation à titre privé à des cérémonies publiques).

## ENRICO DE NICOLA (1946–1948) : 1

| | | |
|---|---|---|
| 31 juillet 1946 | VATICAN | Visite officielle |

## LUIGI EINAUDI (1948–1955) : 3

| | | |
|---|---|---|
| 16 décembre 1948 | VATICAN | Visite officielle |
| 24 juin 1950 | VATICAN | Visite privée (canonisation de Maria Goretti) |
| 29 mai 1954 | VATICAN | Visite privée (canonisation de Pie X) |

## GIOVANNI GRONCHI (1955–1962) : 13

| | | |
|---|---|---|
| 6 décembre 1955 | VATICAN | Visite officielle |
| 26 février–14 mars 1956 | ETATS-UNIS CANADA | Visite d'État |
| 25–28 avril 1956 | FRANCE | Visite d'État |
| 3–5 mai 1956 | SUISSE | Visite officielle (50e anniversaire du tunnel du Simplon) |
| 6–9 décembre 1956 | RFA | Visite d'État |
| 7–12 septembre 1957 | IRAN | Visite d'État |
| 11–15 novembre 1957 | TURQUIE | Visite officielle |
| 12–18 mai 1958 | ROYAUME-UNI | Visite officielle |
| 3–14 septembre 1958 | BRESIL | Visite officielle |
| 6 mai 1959 | VATICAN | Visite officielle |
| 5–11 février 1960 | URSS | Visite d'État |

| | | |
|---|---|---|
| 7–10 avril 1961<br>10–17 avril<br>17–19 avril<br>19 avril | PEROU<br>ARGENTINE<br>URUGUAY<br>BRESIL | Visite d'État |
| 1er mars 1962 | SUISSE | Visite privée (Fondation Balzan) |

## ANTONIO SEGNI (1962–1964) : 9

| | | |
|---|---|---|
| 3 juillet 1962 | VATICAN | Visite officielle |
| 14 juillet 1962 | VATICAN | Visite privée |
| 26–28 novembre 1962 | GRECE | Visite d'État |
| 6–11 mars 1963 | MAROC | Visite officielle |
| 24 juillet 1963 | VATICAN | Visite officielle |
| 31 juillet–3 août 1963 | RFA | Visite officielle |
| 13–18 janvier 1964 | ETATS-UNIS | Visite d'État |
| 19–22 février 1964 | FRANCE | Visite d'État |
| 6–7 mai 1964 | RFA | Remise du prix Charlemagne à Aix-la-Chapelle |

## GIUSEPPE SARAGAT (1964–1971) : 13

| | | |
|---|---|---|
| 12 juin 1965 | VATICAN | Visite officielle |
| 21–25 juin 1965 | DANEMARK<br>NORVEGE | Visite non officielle<br>Visite d'État |

| 6–7 juillet 1965 | RFA | Visite d'État |
|---|---|---|
| | FRANCE (Courmayeur-Chamonix) | Inauguration du tunnel du Mont Blanc |
| 10–24 septembre 1965 | BRESIL<br>URUGUAY<br>ARGENTINE<br>CHILI<br>PEROU<br>VENEZUELA | Visite d'État |
| 14–16 octobre 1965 | POLOGNE | Visite d'État |
| 25 novembre 1965 | SAINT-MARIN | Visite officielle |
| 16–19 mai 1966 | DANEMARK | Visite officielle |
| 14–16 juin 1966 | SUEDE | Visite d'État |
| 11 septembre–3 octobre 1967 | CANADA<br>ETATS-UNIS<br>TAHITI<br>AUSTRALIE | Visite d'État<br>Rencontre avec le prés. Johnson<br>Visite privée (escale)<br>Visite d'État |
| 22–30 avril 1969 | ROYAUME-UNI | Visite d'État |
| 2–6 octobre 1969 | YOUGOSLAVIE | Visite d'État |
| 11 novembre 1970 | FRANCE | Visite privée<br>Cérémonie à Notre-Dame pour la mort du Général de Gaulle |

Si l'on regarde dans le détail, on remarquera que le premier voyage à l'étranger (même s'il s'agit d'un État aux portes de Rome !) d'un président italien a presque toujours lieu au Vatican et que les visites au Souverain pontife représentent près du quart du total (10 sur 39).

La tradition a été inaugurée par Enrico De Nicola, successivement chef provisoire de l'État (1946–1947), puis président de la République dans les premiers mois de 1948, après l'entrée en vigueur de la nouvelle constitution. À cette époque, les voyages officiels des chefs d'État sont une rareté aussi pour le Saint-Siège. Depuis la naissance de l'État du Vatican[1], la visite de De Nicola (le 31 juillet 1946) n'est que la troisième, après celles du roi Victor Emmanuel III (5 décembre 1929) et du roi de Belgique (7 janvier 1930). Les autres audiences accordées par le pape à des chefs d'État étrangers n'avaient eu qu'un caractère privé[2]. En juillet 1946, quelque deux mois après le référendum du 2 juin, De Nicola attache beaucoup d'importance à cette prise de contact entre la République italienne et le Saint-Siège. Au cours de la campagne référendaire, le Vatican a été accusé de faire campagne en faveur de la monarchie. À peine élu, De Nicola exprime ainsi sa volonté de se rendre au Vatican, dans le but d'établir des rapports de bon voisinage. La teneur de sa conversation avec Pie XII n'est pas connue, mais nous savons par la correspondance diplomatique précédant la rencontre que De Nicola n'avait voulu prendre aucun engagement sur la question du maintien du Concordat dans la nouvelle constitution (qui sera finalement acté par l'Assemblée constituante).

Comme son prédécesseur, Luigi Einaudi (président de la République de 1948 à 1955) ne s'est jamais rendu à l'extérieur des frontières italiennes pendant son mandat. Il convient de souligner qu'à cette période, les voyages en avion sont longs et dangereux[3]. Les présidents de la IV^e^ République ont, eux aussi, peu voyagé : Vincent Auriol et René Coty n'ont respectivement effectué que quatre et trois visites à l'étranger. Einaudi avait pourtant été invité à participer aux obsèques du roi Georges VI d'Angleterre, puis au couronnement d'Elisabeth II, et à se rendre à Paris sur l'invitation du président Auriol. Si les réticences de De Nicola étaient dues au caractère provisoire de ses fonctions, Einaudi justifie son refus par d'autres raisons : il avait mis un point d'honneur à ne visiter aucun autre pays tant que l'Italie n'était pas admise à l'ONU (ce sera le cas en 1955) et que la question de Trieste n'était pas réglée (la ville reviendra à l'Italie en 1954). Einaudi ne voulait pas donner l'impression de quémander des faveurs, ce qui aurait été contraire à la dignité du pays et de la fonction présidentielle.

---

1 L'État du Vatican naît officiellement à l'issue des accords du Latran, le 11 février 1929.

2 Parmi ces visites privées, on peut signaler celles de l'amiral Horthy, régent de Hongrie, et du couple royal italien, qui se rendit au Vatican en décembre 1939.

3 En particulier, l'Italie a été marquée par la tragédie du 4 mai 1949, lorsque la grande équipe de football du Torino s'est écrasée sur la colline de Superga, aux portes de Turin.

Ayant refusé ces invitations, Einaudi se limite lui aussi au Vatican, où il se rend trois fois au cours de son septennat, mais seule la première des visites (15 décembre 1948) a un caractère officiel[4].

Les années 1950 marquent l'entrée dans une nouvelle ère avec le septennat de Giovanni Gronchi (1955–1962). Au-delà de ses deux visites au Vatican et d'un déplacement privé en Suisse, Gronchi fait dix voyages internationaux qui vont véritablement en inaugurer l'usage et les modalités protocolaires. Dès le lendemain de son élection, Gronchi (qui ne s'était pas distingué par la ferveur de son atlantisme) reçoit des invitations de la part des autorités américaines et soviétiques.

Son voyage en Amérique du Nord (États-Unis et Canada), le premier hors des frontières italiennes, a une importance fondamentale, car il fait jurisprudence, notamment en ce qui concerne l'exercice des pouvoirs présidentiels sur le sol étranger. Le président de la République peut-il signer des actes officiels lorsqu'il se trouve dans un autre État ? Ou doit-il au contraire, par la procédure de la « suppléance », déléguer ses pouvoirs au président du Sénat ? Cette question, apparemment anodine, prend une certaine importance en raison de la rivalité qui oppose Gronchi au président du Sénat Cesare Merzagora depuis l'élection de 1955. Le premier ne souhaite pas transmettre ses pouvoirs, ne serait-ce qu'à titre temporaire. Au bout d'une série de consultations (qui impliquent aussi l'ancien président De Nicola), il est décidé d'attendre l'avis d'une commission *ad hoc*. Gronchi part donc en Amérique sans se faire remplacer, ce qui sera le cas aussi des voyages suivants : la première suppléance du chef de l'État n'aura lieu… qu'en 1967.

Cette visite a également une valeur symbolique, car c'est la première fois qu'un chef de l'État italien se rend aux États-Unis depuis l'unité italienne (1961). La diplomatie italienne s'emploie pour que le voyage ait le statut de visite d'État, ce qui est accordé par les autorités américaines, conscientes de l'importance de l'électorat italo-américain[5]. Gronchi ne cache pas son désir de parler d'égal à égal avec le président Eisenhower et cherche à inclure dans l'agenda un grand nombre d'entretiens au plus

---

4 Pendant son septennat, Einaudi se rendit deux autres fois au Vatican, mais à titre privé : le 24 juin 1950, à l'occasion de la canonisation de Maria Goretti et le 29 mai 1954, pour assister à la cérémonie de béatification de Pie X.

5 Toutefois, Gronchi est l'invité du vice-président Nixon et non du président Eisenhower lui-même. Couve de Murville au Quai d'Orsay, 12 janvier 1956, MAE, *Série Europe*, Italie, dossier 292.

haut niveau. C'est l'époque où les voyages présidentiels sont généralement de longue durée (une vingtaine de jours, dans le cas examiné), afin de permettre à l'hôte de prendre la mesure des réalités politiques, économiques et culturelles du pays visité. À l'époque des balbutiements de la télévision, ces visites s'accompagnent d'une grande participation populaire. Gronchi est accueilli par la foule, notamment lors de ses déplacements dans les *Little Italies* de New York et San Francisco. Son discours à la tribune du Congrès américain (honneur concédé, avant lui, à De Gasperi) est acclamé. Ancien homme d'affaires, Gronchi fait une excellente impression, en indiquant notamment que l'époque où les politiques italiens se rendaient aux États-Unis pour réclamer des aides est révolue. En revanche, il expose l'idée d'un fonds international pour les pays en développement du Moyen-Orient, de manière à le soustraire de l'emprise soviétique. Né sous le signe de la suspicion (en raison des positions antérieures de Gronchi), le voyage est finalement un succès sur le plan diplomatique.

Les visites suivantes ont pour destination les deux grands États européens, à l'heure où se négocient les traités de Rome. En avril 1956, Gronchi effectue une visite d'État en France, la première après plus de 50 ans (celle de Victor-Emmanuel III remontait à 1903) et, surtout, après le coup de poignard dans le dos de 1940. Après une visite officielle en Suisse (pour les célébrations du 50e anniversaire du tunnel du Simplon), le président italien se rend en RFA, où il échange ses vues avec le chancelier Adenauer, moins convaincu que lui de la possibilité d'une « ouverture à l'Est ». En 1958, la visite d'État à Londres complète le tour des capitales des grands États européens.

Entre-temps, les voyages du second semestre 1957, en Iran (7–12 septembre) et en Turquie (11–15 novembre), ont marqué un tournant dans l'histoire diplomatique italienne : par la politique du néo-atlantisme, les autorités italiennes, sans se départir de leur fidélité à l'Otan, cherchent à acquérir un espace autonome au Moyen-Orient. Juste avant la rencontre de Téhéran entre Gronchi et le Shah Reza Pahlavi, le président de l'ENI, Enrico Mattei, a signé un accord novateur qui prévoit que 75 % des royalties pétrolières aillent au pays producteur et 25 % à la société nationale italienne (contrairement au *fifty*-fifty pratiqué jusque-là par les « Sept Sœurs »). En parallèle, Gronchi et le Shah ratifient un accord de coopération culturelle. Ces accords économiques et culturels sont ensuite élargis à d'autres pays du Moyen-Orient et d'Afrique du Nord (en particulier le Maroc).

En 1958, Gronchi se rend au Brésil, pour la première visite d'un chef d'État italien en Amérique latine. Il s'agit d'abord de réaffirmer les liens avec la communauté italienne, qui accourt en masse. À São Paulo, il est même nécessaire de louer un stade de 80 000 personnes pour accueillir les émigrés italiens qui souhaitent voir de près leur président[6] ! Ce déplacement a également une importance diplomatique, avec la signature de la déclaration de São Paulo, par laquelle l'Italie veut promouvoir un « pont » avec l'Amérique du Sud au nom de leurs origines latines. Il s'agit aussi de rassurer ces partenaires après les débuts du Marché commun, qui risque de pénaliser les pays extra-européens. Gronchi reviendra en Amérique latine en avril 1961, à la fin de son mandat, pour visiter le Pérou, l'Argentine et l'Uruguay (avec une nouvelle escale au Brésil). Cette fois aussi, le président est reçu avec enthousiasme par la foule des Italo-(sud)américains. Toutefois, le voyage restera dans les annales à cause d'un timbre postal émis à l'occasion de la visite au Pérou, qui reproduit de manière erronée les frontières entre le Pérou et l'Équateur. Le timbre est aussitôt retiré de la circulation mais, entre-temps, quelques milliers d'exemplaires sont déjà en circulation : le « Gronchi rose » est aujourd'hui le plus rare et coûteux des timbres italiens.

Pour conclure, le voyage en URSS (février 1960) est certainement le plus controversé du septennat. Gronchi est le premier chef d'État occidental à aller à Moscou depuis la Révolution d'octobre[7]. Le gouvernement a hésité à accepter l'invitation des autorités soviétiques, car se pose la question de la restitution de la visite à Rome, qui n'enchante pas le pape[8]. Reporté une fois, le voyage est donc fortement critiqué par la Curie romaine. Gronchi souhaite rencontrer Khrouchtchev afin de proposer sa médiation sur la question de Berlin, mais ce rôle n'est pas accepté : l'Italie reste un pays vaincu de la Seconde Guerre mondiale. Dès lors, les entrevues au Kremlin et dans la datcha de Khrouchtchev tournent mal[9]. L'apogée est atteint lors de la réception à l'ambassade d'Italie : lors

---

6 Aujourd'hui encore, une station du métro de São Paulo est dédiée à Giovanni Gronchi. https://en.wikipedia.org/wiki/Giovanni_Gronchi (consulté le 2 juin 2021).

7 Harold Macmillan y était allé peu avant lui, mais il était Premier ministre.

8 En effet, le Concordat de 1929 (confirmé par la constitution de 1948) attribue un statut particulier à Rome, en tant que ville sainte de la Chrétienté.

9 Nous en avons un récit par le journal de l'ambassadeur italien Luca Pietromarchi, (éd. Bruna Bagnato), *I diari di Luca Pietromarchi ambasciatore italiano a Mosca (1958–61)*, Florence, Leo S. Olschki Editore, 2002.

d'un discours improvisé, le leader soviétique invite Gronchi… à adhérer au parti communiste ; le président italien lui rétorque que ce serait à lui de s'inscrire à la Démocratie chrétienne. Si c'est un échec sur le plan diplomatique, cette visite marque une prise de contact entre l'Italie et l'URSS, ce qui se traduit par la signature d'un accord culturel et, surtout, par une importation accrue de pétrole et de gaz russes.

Le successeur de Gronchi, Antonio Segni, accède au Quirinal après avoir été ministre des Affaires étrangères. Son mandat ne dure que de 1962 à 1964 (lorsqu'il démissionne pour des raisons de santé), mais en l'espace de deux années, il a le temps de faire six voyages à l'étranger, auxquels s'ajoutent trois visites au Vatican. Le premier a lieu en Grèce (26–28 novembre 1962) et vise à tourner la page de l'invasion fasciste de 1940 et, aussi, à rétablir de bonnes relations dans le domaine économique, au moment même où entre en vigueur l'accord d'association entre la Grèce et la CEE[10]. Vient ensuite la visite au Maroc (6–11 mars 1963), à la suite de l'invitation que le roi Hassan II avait jadis adressée à Gronchi, sans que celui-ci n'ait pu faire le voyage. Le séjour de Segni a lieu dans un contexte bien différent par rapport à la période du néo-atlantisme. Après le départ de Gronchi et la mort de Mattei (dont l'avion s'est écrasé à la suite d'un attentat), il ne s'agit plus de jouer sur la rivalité entre les anciens colonisateurs et les États arabes, mais de promouvoir des partenariats associant ces pays, l'ENI et les compagnies pétrolières françaises.

La visite en RFA (31 juillet–3 août 1963) permet à Segni de rencontrer Adenauer, l'homme politique étranger dont il se sent le plus proche. Le vieux Chancelier, qui va bientôt quitter son poste, voit en lui l'héritier de De Gasperi : quelques mois plus tard, il s'emploiera pour que Segni se voie décerner le prix Charlemagne à Aix-la-Chapelle. L'entretien entre les deux hommes politiques, connu par les documents diplomatiques allemands[11], révèle leur méfiance à l'égard de l'ouverture à l'Est prônée par Kennedy (que Segni vient de recevoir à Rome). Adenauer l'incite à rencontrer De Gaulle, afin d'élargir à l'Italie l'axe franco-allemand. Le président italien se rend également au camp de Dachau, pour inaugurer une chapelle à la mémoire des victimes italiennes.

---

10 *Relazioni Internazionali (49)*, 8 décembre 1962, p. 1447–1448.

11 *Akten zur Auswärtigen Politik der Bundesrepublik Deutschland 1963 (Band II)*, Munich, R. Oldenbourg Verlag, 1994, p. 874–881.

Les dernières visites du mandat ont lieu aux États-Unis (13–18 janvier 1964), où Segni rencontre le président Johnson, qui vient d'accéder à la Maison-Blanche après l'assassinat de Kennedy, et en France, où il espère relancer la coopération européenne après la mise en sommeil des plans Fouchet.

À la veille du départ, De Gaulle annonce toutefois la reconnaissance par la France de la République populaire de Chine, contrairement à la position adoptée au sein de l'OTAN. Segni est furieux et souhaiterait annuler la visite, puis il se ravise[12]. Le voyage à Paris (19–22 février 1964) finit donc par avoir une valeur purement protocolaire, car il s'avère impossible d'avancer sur le plan européen. Comme le résume ironiquement De Gaulle lors du toast final : « Nous sommes presque d'accord sur les idées, presque d'accord sur les buts, presque d'accord sur la politique[13] ».

Comme son prédécesseur, Giuseppe Saragat a été ministre des Affaires étrangères avant d'être élu au poste de président de la République (qu'il occupe de 1964 à 1971). Il existe une continuité certaine entre la ligne diplomatique qu'il défend avant et après son élection. Sur le plan politique, Saragat est un social-démocrate atlantique, qui fait preuve d'un anticommunisme fervent. Après la traditionnelle rencontre avec le pape, en 1965 les premiers voyages du mandat ont lieu en Europe du Nord (Danemark, Norvège), où il reviendra en 1966 (Danemark et Suède). Par ce choix original, il veut souligner l'importance et les réalisations concrètes de la social-démocratie scandinave, un modèle que Saragat voudrait appliquer aussi en Italie. En soutenant la candidature du Danemark et de la Norvège (deux pays de l'AELE), il pose les jalons pour soutenir l'entrée du Royaume-Uni dans la CEE. Il pousse ensuite son périple en Laponie, où il tresse l'éloge de l'explorateur Roald Amundsen.

Le 16 juillet 1965, il participe avec De Gaulle à l'inauguration du tunnel du mont Blanc. L'événement a lieu en pleine crise de la chaise vide, à la suite du refus français d'approuver les projets de réforme de la CEE présentés par le président de la Commission, Walter Hallstein. Lors des cérémonies qui ont lieu à Chamonix et à Courmayeur, un jeune fédéraliste italien parvient à braver la surveillance du service d'ordre et à remettre un message aux deux présidents. L'unification de l'Europe est

12 Manlio Brosio, *Diari di Parigi (1962–1964)*, Bologne, Il Mulino, 2009, p. 437.

13 *Ibid.*, p. 451.

également au cœur du message de Saragat : « Cette galerie, qui unit nos deux peuples, est plus important qu'un traité d'amitié ou d'alliance. C'est le gage de cette communauté de destin ». La suite du discours semble une attaque voilée à la politique de la chaise vide : « La sauvegarde de la civilisation ne peut être assurée que si on saura dépasser pour toujours les étroites conceptions nationalistes, qui par le passé ont menacé la paix et la vie d'entières générations[14] ». Dans sa réponse, De Gaulle se borne à mentionner « l'Europe européenne », tandis que son porte-parole résume l'état des rapports franco-italiens : « C'est toujours un progrès lorsqu'on arrive à s'expliquer[15] ».

En 1965, Saragat effectue deux déplacements inédits, à Saint-Marin et en Pologne. Si le premier a une valeur purement protocolaire, le second a une portée politique et mémorielle : Saragat est le premier chef d'État occidental à faire un pèlerinage mémoriel à Auschwitz.

Deux voyages d'État occupent une place particulière, en raison de leur durée et de la longueur du périple. En septembre 1965, Saragat marche dans les pas de Gronchi, en visitant le Brésil, l'Uruguay, l'Argentine, le Chili et le Pérou. La comparaison avec le voyage du général de Gaulle est soulignée par la diplomatie française : Saragat et le ministre des Affaires étrangères Fanfani « ont été l'objet d'un accueil sympathique au cours des diverses cérémonies. [...] Ces manifestations n'ont pourtant en aucune manière provoqué l'intérêt qu'avait suscité, l'année dernière, la venue de Monsieur le Président de la République ». Pour les autorités italiennes, poursuit l'ambassadeur de Margerie, le voyage de Saragat pourrait ainsi « favoriser la politique dite de la "troisième voie" apportant un correctif au poids politique et économique des États-Unis dans le continent sud-américain[16] ».

En 1967, Saragat se lance dans un tour du monde qui le conduit d'abord au Canada, puis aux États-Unis, où il rencontre brièvement le président Johnson[17], enfin en Australie, après une courte escale à Tahiti. Comme nous l'avons dit, c'est lors de ce voyage qu'entre en vigueur pour la première fois la « suppléance » exercée par le président du Sénat.

---

14 *Relazioni internazionali* (29) 1965, p. 683.

15 *Ibid.*

16 Ministère des Affaires étrangères (MAE), *Série Europe*, dossier 386, De Margerie au Quai d'Orsay, Buenos Aires, 17 septembre 1965, N° 646/650.

17 *FRUS 1964–1968*, vol. XIII, Western Europe Region, Memorandum of Conversation Johnson-Saragat (Washington, September 18, 1967).

Dans la dernière partie du septennat, les séjours à l'étranger tendent à s'espacer, car Saragat connaît des problèmes de santé. Les deux visites d'État de l'année 1969 ont cependant une importance cruciale. En octobre 1969, Saragat se rend en Yougoslavie pour rencontrer Tito et marquer symboliquement le processus de reconnaissance réciproque des frontières, qui sera entériné en 1975, par les accords d'Osimo. Au mois d'avril, il a été l'hôte de la reine Elisabeth II au château de Windsor. Lors de cette visite à Londres (avril 1969) est signée une déclaration italo-britannique par laquelle l'Italie s'engage à favoriser l'adhésion du Royaume-Uni à la CEE. Elle coïncide avec la démission de De Gaulle, à la suite du référendum perdu sur le Sénat et la décentralisation. Saragat connaît le Général depuis l'immédiat après-guerre (le premier étant alors ambassadeur d'Italie à Paris, le second président du Conseil) et s'est lié d'amitié avec lui, même s'il n'approuve pas toujours sa politique européenne. De manière fort significative, il assistera, avec une centaine de chefs d'États étrangers, à la cérémonie d'hommage au Général qui a lieu à Notre-Dame le 11 novembre 1970. Ce sera son dernier voyage hors des frontières italiennes.

Lorsqu'on examine (en laissant de côté les dix visites au Vatican) les 29 déplacements présidentiels qui ont eu lieu dans le premier quart de siècle de la République italienne, on constate en premier lieu leur progressive montée en puissance à partir des années 1950. C'est une évolution que l'on constate à l'échelle internationale, et qui s'accentue par la suite[18]. Ces 29 voyages concernent 24 États : les plus visités sont la France et la RFA (4 visites chacune), le Brésil et les États-Unis (3 visites), l'Argentine, le Canada, le Danemark, le Pérou, le Royaume-Uni et l'Uruguay (2 visites). Treize autres pays n'ont été visités qu'une fois. Fort logiquement, on retrouve au premier rang les voisins européens et les partenaires de l'Otan, ainsi que les États d'Amérique latine. Un élément récurrent des discours prononcés lors de ces occasions est l'utilisation politique de l'histoire : il s'agit d'insister sur un passé commun (en gommant les différends) pour construire le futur. Au fil du temps, on observe un élargissement aux démocraties populaires de l'Est (URSS, Pologne et Yougoslavie) au Moyen-Orient (Iran et Turquie) et à l'Afrique du Nord (Maroc) jusqu'à des pays éloignés comme l'Australie.

[18] Le record sera atteint par le président Scalfaro, qui effectuera plus de 100 voyages à l'étranger entre 1992 et 1999.

Si l'on établit une typologie des déplacements au plus haut niveau, on constate que l'un des premiers buts est celui d'apurer les contentieux de l'après-guerre : les voyages en France, en Grèce, en Union soviétique et en Yougoslavie marquent ainsi la réconciliation avec des États envahis par les troupes mussoliniennes ; peu à peu, s'affirme aussi le devoir de mémoire avec les pèlerinages aux camps de Dachau et d'Auschwitz. Cela va de pair avec les négociations pour la construction de l'Europe, que sous-tendent les voyages de Gronchi, Segni et Saragat en France, en Allemagne, puis au Royaume-Uni. Un élément commun à la plupart des voyages est la signature d'accords culturels et économiques, en particulier en matière de gaz et de pétrole (Iran, URSS) dont l'Italie est pauvre. Enfin, l'une des caractéristiques des voyages des présidents italiens – que l'on ne retrouverait pas chez leurs homologues français – sont les rencontres avec les communautés des émigrés italiens, très nombreuses aux États-Unis et en Amérique latine, mais aussi en France, en Suisse et en Allemagne. Par ces rencontres, il s'agit de marquer la sollicitude de la Métropole à l'égard de la diaspora italienne et de resserrer les liens de l'Italie démocratique avec ses sœurs latines.

# Nouveaux États, nouvelles pratiques diplomatiques : accueillir les chefs d'État africains en France dans les années 1960

Fabien Oppermann
*Inspection générale de l'éducation, du sport et de la recherche*

Lorsque le général de Gaulle revient au pouvoir à l'été 1958, il a devant lui un chantier diplomatique immense : la consolidation de l'Europe, la construction de la relation franco-allemande, la place de la France face aux États-Unis et face à l'OTAN sont autant de sujets qui nécessitent des échanges nourris, formels et informels. La mise en œuvre de ces relations bilatérales et multilatérales est concomitante du renouvellement, en politique dite intérieure, des relations entre la France et ses territoires ultramarins. En revenant au pouvoir en 1958, le général de Gaulle n'a, selon Georgette Elgey, pas d'idée précise de ce qu'il convient de faire avec l'Afrique[1]. La France est alors empêtrée dans la guerre d'Algérie, et ne peut que constater le mouvement croissant d'autonomie, avec l'accession à l'indépendance de cinq États africains entre 1951 et 1957 : la Lybie en 1951, la Tunisie et le Maroc, protectorats français, ainsi que le Soudan en 1956, le Ghana en 1957. Au cours des années 1950, les colonies africaines réclament la révision de l'article VII de la Constitution de 1946 sur l'Union française, mais tous les gouvernements de la IV^e^ République ont repoussé l'étude de cette question supposée explosive. Dans son discours d'investiture, de Gaulle évoque une solution fédéraliste : parmi les « énormes problèmes » à régler, il y a la nécessité « d'organiser sur le mode fédéral les liens de notre métropole avec les peuples associés d'Afrique et de Madagascar ». Il imagine ainsi une sorte de fédération dans laquelle la France serait tête de file. Cependant, en six ans à peine, entre 1956 et 1962, dix-huit territoires africains placés sous l'autorité de la

---

1 Georgette Elgey, *La République des tourmentes, De Gaulle à Matignon*, t. IV, Paris, Fayard, 2021, rééd. Pluriel 2020, p. 119.

France, selon différents statuts – colonies, protectorats, département… –, accèdent à l'indépendance.

Dans ce contexte qui voit se recomposer le paysage géopolitique mondial, rien n'est laissé au hasard, et les réceptions diplomatiques de dirigeants étrangers n'échappent pas à la règle.

## La mise en œuvre d'un protocole diplomatique renouvelé

Un an auparavant, la reine d'Angleterre Elizabeth II avait été reçue au château de Versailles, en 1957, pour l'inauguration de l'opéra royal restauré. De l'avis de l'un des organisateurs, la soirée s'est déroulée dans une « ambiance de foire d'empoigne »[2] : désorganisation, déroulé approximatif, protocole défaillant, etc. Ce que René Coty pouvait supporter, le Général ne peut le tolérer. Dans toutes les résidences de la République, il remet de l'ordre, tout d'abord en limitant l'usage personnel de ces lieux. Rambouillet, comme le château de Vizille en Isère, était non seulement un lieu de rencontres officielles et de vie politique, mais surtout un lieu de villégiature présidentielle sous la III^e^ et la IV^e^ République[3]. Jamais de Gaulle n'use de ces facilités pour lui-même, privilégiant sa demeure de la Boisserie pour ses vacances.

D'abord à Rambouillet, où il reçoit dès 1959 les dignitaires du monde entier, puis à Versailles, de Gaulle formalise ainsi les usages officiels de ces résidences. À partir de 1961, l'ancienne demeure royale est largement utilisée par le Général, conscient de son importance symbolique. Dans ses *Mémoires de guerre*, il la mentionne, dès le deuxième paragraphe comme l'un des éléments qui ont façonné en lui « une certaine idée de la France »[4]. Recevoir à Versailles, c'est accorder ce que la France a de plus beau. C'est vouloir honorer, mais aussi impressionner ses hôtes, dans une démarche là aussi très politique. En 1961, la galerie des Glaces est électrifiée, ce qui permet d'y organiser des dîners d'État.

---

2 Marc Saltet, *Vingt ans chez le Roi-soleil, souvenirs de l'architecte en chef, conservateur du domaine national de Versailles de 1954 à 1973*, Paris, Phileas Fogg, 2002, p. 88.

3 Fabien Oppermann, *Dans les châteaux de la République, le pouvoir à l'abri des regards*, Paris, Tallandier, 2019, p. 61–88 et 134–157.

4 Charles de Gaulle, *Mémoires de guerre*, Paris, Plon, 1954, rééd. 2019, p. 11.

Le protocole se précise et se raffine, avec un ordonnancement des visites beaucoup plus strict[5]. Les chasses, enfin, sont des lieux de pouvoir et d'entregent, avec un protocole beaucoup plus subtil. De Gaulle lui-même n'est pas chasseur, mais il ne rechigne pas à convier des homologues étrangers à Rambouillet ou Marly, sans venir lui-même, pour ne pas déranger, par sa présence, le plaisir de son hôte.

Alors que des relations nouvelles se dessinent avec les États, de Gaulle dispose donc d'un protocole, de pratiques et de lieux adaptés aux échanges diplomatiques. Dans la mise en œuvre du processus d'indépendance, le Général va adapter ces outils, pour en avoir une utilisation spécifique pour les anciennes colonies françaises.

## La création de relations diplomatiques avec les anciennes colonies

Le référendum sur les institutions de la République à l'automne 1958 est un moyen, pour de Gaulle, de consulter les colonies sur le nouveau statut proposé, l'Union française : en août 1958, le Général indique que la consultation permettra de « vérifier si partout, en particulier en Afrique, l'idée de la sécession l'emporte ou non. Dans le cas où serait refusée l'association proposée, il est évident que cela signifiera l'indépendance, mais l'indépendance avec tout ce qu'elle comporte de charges, de responsabilités et de dangers […]. Jamais personnellement je ne prendrai la responsabilité d'imposer à la Fédération des charges en faveur d'un territoire qui aurait choisi la sécession »[6]. Tous les camps sont censés être satisfaits : les fédéralistes auraient leur assemblée fédérale et leur conseil fédéral, les opposants pourraient bénéficier de l'autodétermination, tandis que la droite métropolitaine se satisfait de n'avoir pas à payer pour les anciennes colonies. Dans le projet constitutionnel, la « fédération » devient « communauté ».

Dans la perspective du référendum prévu le 28 septembre et pour que le projet de Communauté soit porté favorablement dans les anciennes

---

5 Fabien Oppermann, *Le Versailles des présidents, 150 ans de vie républicaine chez le Roi-soleil*, Paris, Fayard, 2015, p. 121–126.

6 Comité national chargé de la publication des travaux préparatoires des institutions de la Vᵉ République, *Documents pour servir à l'histoire de l'élaboration de la Constitution du 4 octobre 1958*, Paris, La documentation française, 1988, vol. II, p. 309.

colonies, de Gaulle s'envole pour une tournée en Afrique, à la fin du mois d'août 1958. Il reçoit partout un accueil enthousiaste des populations et de la plupart des leaders ; seule la Guinée fait campagne pour le non, sous l'influence de Sékou Touré, qui proclame devant le Général, lors d'un discours devant l'assemblée territoriale : « nous préférons la pauvreté dans la liberté à la richesse dans l'esclavage ». De Gaulle se veut apaisant, mais boude le dîner prévu le soir. Lorsqu'il quitte la Guinée le lendemain, il répond à Sékou Touré venu le saluer à l'aéroport : « Adieu, la Guinée ! »[7].

De Gaulle croit-il au fédéralisme ? À Conakry, il confie à Jean Mauriac : « La Communauté, c'est de la foutaise ! Ces gens-là, à peine entrés, n'auront qu'une idée, celle d'en sortir » ; quelques jours auparavant à Brazzaville, il a annoncé, sous les hourras de la foule, que l'accès à l'indépendance ne sera pas refusé aux territoires qui entreront dans la Communauté. Il ne s'agit pas pour autant d'abandonner l'Afrique, mais de construire une nouvelle relation avec les territoires indépendants.

Le 28 septembre, tous les territoires français en Afrique approuvent massivement la nouvelle constitution et la création de la Communauté, à l'exception de la Guinée qui vote non à 95,2 %. Touré demande immédiatement à bénéficier des dispositions de l'article 88 de la Constitution, qui prévoit que « la République ou la Communauté peuvent conclure des accords avec des États qui désirent s'associer à elle pour développer leurs civilisations ». La demande reste sans réponse de la part de la France. De Gaulle demande au contraire le départ immédiat des fonctionnaires français en poste en Guinée.

Dans les semaines qui suivent le référendum, la plupart des États font valoir, comme le pressentait de Gaulle, leur souhait d'indépendance, à laquelle ils accèdent tous en 1960, des accords permettant de transférer les compétences dévolues à la Communauté à ces nouveaux pays, en coopération avec la France en vertu des dispositions de la loi constitutionnelle du 4 juin 1960 ; la Communauté est finalement dissoute en 1961[8]. Les relations avec ces États s'entendent donc désormais dans

---

7 Charles de Gaulle, *Mémoires d'espoir, Le renouveau*, Paris, Plon, 1970, rééd. 2019, p. 655. Selon Pierre Messmer et Jacques Foccart, il aurait plutôt prononcé : « Bonne chance à la Guinée ! ». Jacques Foccart, *Foccart parle. Entretiens avec Philippe Gaillard*, t. I, Paris, Fayard, 1995, p. 61 ; Pierre Messmer, *Les blancs s'en vont*, Paris, Albin Michel, 1998.

8 Il faut cependant attendre 1995 pour que les dispositions constitutionnelles relatives à la Communauté soient abrogées.

le principe du droit international et relèvent donc, théoriquement, du ministère des Affaires étrangères, en lien avec un secrétaire d'État chargé des relations avec la Communauté, qui existe du 5 février 1960 au 18 mai 1961 et qui est transformé, après la suppression de la Communauté, en ministère de la Coopération. Le poste échoit généralement à un fidèle du Général : Jean Foyer, du 5 février 1960 au 15 avril 1962, Pierre Pflimlin du 15 avril au 15 mai 1962, Georges Gorse du 15 mai au 28 novembre 1962[9]. Le Quai d'Orsay reprend ensuite les attributions, avec un ministre délégué (Raymond Triboulet, 6 décembre 1962–8 janvier 1966) ou un secrétaire d'État (Jean Charbonnel, 8 janvier 1966–8 avril 1967 ; Yvon Bourges, 8 avril 1967–31 mai 1968, qui poursuit sa tâche comme secrétaire d'État aux Affaires étrangères de 1968 à 1972).

L'homme fort du dispositif, c'est cependant Jacques Foccart, conseiller technique pour les affaires africaines à Matignon en 1958, secrétaire général pour la Communauté en 1959 puis secrétaire général pour les affaires africaines et malgaches à la présidence de la République. Installé à l'hôtel de Noirmoutier, rue de Grenelle, il est le chef d'orchestre des nouvelles relations entre la France et ses anciennes colonies. Il accueille les chefs d'État, les conseille, les oriente, voire les cornaque auprès de la presse, des parlementaires. Il impulse les politiques, arrange les alliances. Cette politique prend la forme d'un soutien économique systématique aux jeunes États par le biais de crédits pour le développement, de la mise à disposition de fonctionnaires, mais aussi d'une aide militaire, qui permet soit de maintenir des dirigeants en place, comme Léon Mba, président du Gabon victime d'un coup d'état en 1964 et réinstallé au pouvoir avec l'aide des soldats basés en Afrique, soit d'assurer des transitions politiques conformes aux intérêts français.

## La place particulière des États africains dans les relations bilatérales

Dans le cadre de cette diplomatie nouvelle sous la forme de coopération, les relations entre la France et les nouveaux États indépendants prennent une forme spécifique. Lorsqu'on observe les agendas du général de Gaulle de 1960 à 1969, on constate que les rendez-vous avec ses homologues africains sont beaucoup plus fréquents qu'avec tout autre,

---

[9] Georges Gorse devient par la suite ambassadeur de France en Algérie, de 1963 à 1967.

malgré la distance. Ces relations spécifiques sont donc non seulement plus fréquentes qu'avec tout autre dirigeant étranger, mais elles prennent également un cadre formel plus particulier.

Le premier dirigeant africain à bénéficier d'une visite officielle, le camerounais Ahmadou Ahidjo, est reçu en juillet 1960 pour deux jours à Paris, accueilli par le Général à Orly[10]. Le protocole est incertain, l'accueil est simple, sans aucune particularité. Au moment où les premiers liens diplomatiques se nouent entre États, au cours de l'année 1960, de Gaulle a l'idée de créer une forme d'intronisation spécifique de chaque dirigeant, sous la forme d'une visite d'État, avec un protocole adapté, à la fois pour tâcher de montrer qu'il honore ses hôtes avec le plus de faste possible, mais aussi sans doute pour déterminer un mode de relation particulière avec ces nouveaux pays. Les présidents africains n'auront ainsi pas droit aux fastes de Rambouillet, de Versailles et de Trianon, ils auront leur propre cérémonial, dans un lieu qui leur sera réservé[11] : c'est à Champs-sur-Marne qu'aura lieu, pendant près de dix ans, la vie officielle de la Françafrique.

Le château de Champs-sur-Marne a été construit au début du XVIIIe siècle, entre cour et jardin. Occupé par la princesse de Conti et la marquise de Pompadour, altéré et dégradé au siècle suivant, il a été racheté en 1895 et entièrement réhabilité par le banquier Louis Cahen d'Anvers. Son fils Charles a fait don de la propriété à l'État en 1935, pour qu'elle devienne une résidence officielle des présidents[12].

Le gouvernement de la Troisième République est quelque peu embarrassé par cette propriété, coûteuse à entretenir, qui fait doublon avec les châteaux de Rambouillet et de Vizille ou le domaine de Marly qui servent déjà de résidences présidentielles. En outre, c'est un château

---

10 Jean-Paul Alexis, *Au protocole du général de Gaulle, souvenirs insolites de l'Élysée*, Paris, Perrin, 1999, p. 11.

11 Outre les dirigeants africains, seuls deux autres chefs d'État sont reçus à Champs-sur-Marne dans les années 1960 : le Shah d'Iran, reçu en visite officielle en octobre 1961 et logé au Quai d'Orsay, reste quelques jours de plus au château de Champs-sur-Marne pour un séjour privé. En juin 1962, le Premier ministre britannique Harold Macmillan et son épouse sont reçus pour un week-end d'entretiens avec le général de Gaulle et son épouse, qui passent à cette occasion leur seule nuit de toute la présidence au château. Fabien Oppermann, *Dans les châteaux de la République*, *op. cit.*, p. 187–191.

12 Renaud Serrette, *Le château de Champs, domaine des financiers*, Paris, éditions du patrimoine, 2017, p. 177 et suiv.

superbe, avec force dorure, mobilier précieux et peu d'intimité, dont l'épouse du président, Marguerite Lebrun dit : « Champs ne comporte aucune intimité : c'est une telle accumulation de merveilles qu'on n'ose y bouger »[13]. Hormis quelques tournages de films et un séjour du sultan du Maroc Mohammed V en 1939, la demeure reste désespérément vide.

En 1960, la décolonisation est un bon prétexte pour lui trouver une utilité, pour accueillir les dirigeants des pays nouvellement autonomes conformément aux règles en usage, mais avec une « marque spéciale d'amitié »[14]. Sur ordre de l'Élysée à l'été 1960, Champs-sur-Marne est spécifiquement affecté à cet usage. Le château, richement meublé et décoré, doit cependant être équipé du confort moderne : salles de bains, cuisines, téléphones sont à installer, de même que la fourniture en vaisselle et linge. Malgré les réserves du conservateur qui craint qu'un usage courant des lieux n'altère la conservation des éléments précieux, les principales chambres d'apparat servent à loger l'hôte et son épouse, le salon de musique devient une salle à manger. Un appartement est même prévu dans l'ancienne chambre de Charles Cahen d'Anvers pour le général de Gaulle, qui, partout où il reçoit, souhaite disposer d'un logement ; il ne l'occupera cependant jamais lors d'un séjour des chefs d'État africain, car il est décidé que, durant leur séjour en France, Champs-sur-Marne bénéficie du statut d'extraterritorialité. Ils sont officiellement chez eux, bien qu'hébergés par la République française.

Ce qu'on peut penser être un privilège particulier se transforme bien vite en un piège. Champs-sur-Marne n'est certes pas loin de Paris, à peine une vingtaine de kilomètres, mais même avec un cortège officiel, la distance devient contraignante. Éblouis par les ors et l'estime que le gouvernement semble leur montrer, les dirigeants africains en oublient le principal : on les promène selon un protocole qui sera le même pour tous, sans aucune réelle marge de liberté, en les éloignant de Paris et de leur ambassade en cours de constitution.

---

13 Journal de Marguerite Lebrun, 5 juin 1939, cité dans Fabien Oppermann, *Dans les châteaux de la République, op. cit.*, p. 165.

14 Note non datée et non signée sur l'utilisation de Champs-sur-Marne pour recevoir les chefs d'État africains 5AGF/444, AN.

## Un protocole semblable pour toutes les visites d'État

Ces visites d'État sont en effet épuisantes : le dirigeant africain, souvent accompagné de son épouse, voire de ses enfants, est accueilli par le chef de l'État à l'aéroport d'Orly, devenu civil en 1954 et dont l'aérogare Sud, dotée d'une architecture particulièrement moderne, est inaugurée par le Général le 24 février 1961. Si l'hôte est déjà sur le territoire français, la visite commence à la gare de Bry-sur-Marne. Depuis l'aéroport ou la gare, un cortège officiel se forme, avec la foule conviée à acclamer les hôtes, et pavoisement de la ville de Champs-sur-Marne aux couleurs de la France et du pays invité. Les honneurs sont rendus dans la cour du château par la Garde républicaine, puis le Général rentre à Paris. L'après-midi, après quelques instants de repos, le dirigeant invité repart pour la capitale pour des entretiens politiques, à l'Élysée où se déroule l'échange de cadeaux diplomatiques, mais aussi au ministère de la Coopération, à Matignon et surtout à l'hôtel de Noirmoutier. La fin d'après-midi se passe à Champs-sur-Marne, avant que l'hôte ne reprenne la route de Paris pour un dîner officiel à l'Élysée. Le lendemain est consacré aux visites protocolaires locales, notamment à la mairie de Champs-sur-Marne et dans les écoles, et à la poursuite des entretiens. Le surlendemain, un déjeuner est offert au château de Champs-sur-Marne au président français ; une cinquantaine de convives, ministres et officiels, se pressent dans les salons du château. Le soir, tout le monde retourne à Paris pour une soirée culturelle, le plus souvent à l'opéra ou à la Comédie française. Les visites d'État s'achèvent le matin du quatrième jour, par un dernier entretien au palais de l'Élysée suivi d'une revue des troupes dans le parc avec le général de Gaulle.

Les Archives nationales ne conservent pas, dans les fonds présidentiels, de photographies des séjours et réceptions à Champs-sur-Marne ; le château est considéré comme une extraterritorialité. Le service photographique de la présidence, qui se met en place au début de la V^e^ République, se contente donc, pour les prises de vues, de saisir les moments à l'Élysée. On n'a donc pas ou peu de témoignages visuels de ces visites dans les institutions françaises, hormis quelques rares photos de presse. Peut-être les archives des pays concernés conservent-elles plus de traces, d'autant que, souvent, la partie officielle du programme était suivie d'un séjour plus ou moins long à caractère privé ; cela permettait, à nouveau, d'offrir un hébergement à ses hôtes sur lesquels la République pouvait donc garder son influence et, par là-même, une forme de pouvoir.

La liste des invités et leur ordre de passage à Champs-sur-Marne sont loin d'être anodins. Des anciennes colonies ou assimilées, seules quatre n'ont pas droit à ce protocole spécifique. Il est probable que de Gaulle et Foccart aient voulu réserver Champs-sur-Marne aux États issus de l'Afrique occidentale française et de l'Afrique Équatoriale française, excluant ainsi les pays du Maghreb. La Tunisie n'a donc pas droit aux ors du château de la Pompadour. Si l'Algérie et le Maroc, eux, y sont conviés, c'est selon des dispositions protocolaires différentes de celles mises en place habituellement.

Le roi du Maroc Hassan II est invité à Champs-sur-Marne en mai 1962, pour un séjour d'à peine deux jours, organisé à la hâte. Il arrive directement en voiture au château, où le Général l'a précédé en hélicoptère. Il ne s'agit pas d'une visite d'État, mais d'une réunion de travail, destinée à rassurer le souverain chérifien ; en effet, quinze jours plus tard, le président mauritanien Moktar Ould Daddah doit être reçu au même endroit. La Mauritanie étant revendiquée par le Maroc malgré la reconnaissance par l'ONU de cet État indépendant en 1960, cette marque de faveur accordée par la France ne peut qu'inquiéter Hassan II, d'où la nécessité de le rassurer par une démarche protocolaire d'importance sinon égale du moins symbolique aussi forte[15].

L'accueil du président algérien, en mars 1964, n'est pas un séjour ; il s'agit d'une réunion de travail, préparée dans le plus grand secret. Les conditions dans lesquelles l'Algérie a accédé à l'indépendance ne permettent pas de pacifier immédiatement les relations entre les deux pays, et il n'est pas question, deux ans après les accords d'Évian, de visite officielle. De Gaulle et Ben Bella arrivent séparément en hélicoptère, sans cortège, sans pavoisement, sans extraterritorialité. Une rencontre rapide avec quelques rares journalistes est organisée à la fin de la réunion, avant que les deux chefs d'État ne quittent Champs-sur-Marne. L'entretien est cordial ; Ben Bella indique plus tard que le général de Gaulle lui a proposé de revenir, pour une visite d'État : « Les Français doivent apprendre à vous considérer comme un chef d'État. Nous remonterons ensemble les Champs-Élysées »[16]. L'idée n'a pas de suite : Ben Bella est renversé par un coup d'État l'année suivante le 19 juin 1965.

---

15 Fabien Oppermann, *Dans les châteaux de la République… op. cit.*, p. 183.

16 Ahmed Ben Bella, « De Gaulle voyait plus loin », *L'Express*, 26 octobre 1995.

Outre la Tunisie, trois anciennes colonies n'ont pas droit aux ors de Champs-sur-Marne. La Guinée est devenue indépendante deux ans avant les autres à la suite du rejet de la Constitution en 1958 ; Sékou Touré croyait probablement que la menace du général de Gaulle de supprimer tout appui aux territoires qui rejetteraient la Constitution au profit de l'indépendance était un coup de bluff. Il n'en a rien été : la France a rappelé, dès l'automne 1958, ses personnels en poste à Conakry[17]. Les années qui suivent, au cours desquelles la Guinée sollicite diverses aides auprès du bloc soviétique comme auprès des États-Unis, ne font que renforcer les antagonismes, jusqu'à la rupture en 1965, lorsque les relations diplomatiques sont rompues et les ambassades fermées. Dans ce contexte, aucune visite officielle ne peut être envisagée : Valéry Giscard d'Estaing est le premier président à se rendre en visite d'État à Conakry, en 1978, tandis que Sékou Touré est reçu en 1982 par François Mitterrand – qui avait créé un groupe d'amitié France-Guinée en 1962 – alors que le château de Champs-sur-Marne n'est plus utilisé depuis longtemps[18].

De même, le Mali, indépendant en 1960, se démarque très rapidement de la France. Dès 1961, le président Modibo Keïta qui soutient l'indépendance de son voisin l'Algérie, réclame et obtient le départ des troupes françaises stationnées sur le territoire. Il quitte également l'union monétaire ouest-africaine, et se rapproche du bloc de l'Est ; l'URSS livre ainsi du matériel militaire à Bamako, et reçoit le monopole de la recherche minière sur le territoire[19]. Le Mali n'est ainsi pas un partenaire diplomatique fiable pour la France, qui lui ferme les portes de Champs-sur-Marne.

Le dernier pays à ne pas bénéficier du prestige de Champs-sur-Marne est le Cameroun, où la France conserve pourtant un poids considérable dans les années 1960. Alors que les travaux du château ne sont pas encore achevés, Ahmadou Ahidjo est le premier à bénéficier d'une courte visite d'État en France, deux jours à la fin du mois de juillet 1960. Lors de ses multiples séjours ultérieurs (1962, 1963, 1965, 1967, 1968), il ne bénéficie

---

17 Guia Migani, « Sékou Touré et la contestation de l'ordre colonial en Afrique subsaharienne, 1958–1963 », dans *Monde(s)* n° 2, 2012, p. 257–273.

18 André Lewin, « Jacques Foccart et Ahmed Sékou Touré », *Les Cahiers du Centre de Recherches Historiques* [En ligne], 30 | 2002, mis en ligne le 22 novembre 2008, consulté le 28 avril 2021.

19 Manon Touron, « Le Mali, 1960–1968. Exporter la guerre froide dans le pré carré français », dans *Bulletin de l'institut Pierre Renouvin* n° 45, 2017, p. 83–95.

donc plus de la visite valant adoubement ; aucun séjour à Champs-sur-Marne n'est organisé. Il n'en conserve pas moins l'estime du général de Gaulle, qui le décrit dans ses *Mémoires* « surmontant magistralement les complexités ethniques, religieuses, linguistiques et économiques du Cameroun, grâce à la prudence qu'il applique à l'intérieur et à la réserve qu'il observe à l'extérieur »[20].

Tous les autres pays ont droit au protocole nouvellement mis en place. Le président malgache Philibert Tsiranana est le premier, en octobre 1960, quelques semaines à peine après la fin des travaux. L'organisation de ce séjour sert de référence pour les suivants, qui tous suivront peu ou prou le protocole mis en place à cette occasion. Le choix de Madagascar pour inaugurer les séjours à Champs-sur-Marne n'est assurément pas anodin ; le Général estime le dirigeant malgache : « il déploie tout son bon sens et toute sa persévérance pour conduire Madagascar dans la voie du progrès moderne, pour lier la grande île au continent africain tout en l'en maintenant distincte, pour la mettre à l'abri des intrusions asiatiques »[21]. De Gaulle souhaite conférer à ce pays une place spécifique parmi les anciennes colonies, d'autant que Tsiranana le soutient pleinement, notamment dans les projets nucléaires – Madagascar est un territoire riche en uranium, indispensable pour fabriquer l'arme atomique, dont la France est dotée depuis le début de l'année 1960. En outre, Tsiranana ne prend pas partie dans les affaires algériennes. Durant les années 1960, Madagascar bénéficie d'une aide de la France à hauteur de 400 millions de dollars.

Le deuxième hôte, le président gabonais Léon Mba, devait séjourner à Champs-sur-Marne dès le mois de novembre 1960 ; l'instabilité politique dans son pays repousse la visite au mois de mars 1961. Mba, « modèle de fidélité dans son attachement à la France et de dévouement au Gabon »[22], qui souhaitait que le Gabon soit un département d'outre-mer, est partisan d'une coopération forte avec la France. Il a même pour projet d'adopter le drapeau français avec un okoumé, arbre emblématique du pays. Malgré le refus, Foccart le rassure en l'invitant rapidement pour une visite d'État.

Le sénégalais Léopold Senghor est le troisième dirigeant africain reçu à Champs-sur-Marne, en avril 1961. Des dirigeants africains, c'est l'un

---

[20] Charles de Gaulle, *Mémoires d'espoir…, op. cit.*, p. 662.

[21] *Ibid.*, p. 662.

[22] *Ibid.*

de ceux qui connaît le mieux la France et ses institutions. Étudiant à Paris en 1928, aux côtés de Georges Pompidou, professeur de lettres classiques, il entre en politique sous la IVe République, comme député puis comme secrétaire d'État dans le gouvernement Faure. De Gaulle ne s'y trompe pas dans ses mémoires, en reconnaissant l'homme de lettres mais aussi le fin politicien : « Léopold Senghor, ouvert à tous les arts et, d'abord, à celui de la politique, aussi fier de sa négritude que de sa culture française et qui gouverne avec constance le remuant Sénégal »[23]. Sa connaissance des arcanes politiques se double d'un grand respect pour l'homme du 18 juin, à qui il avait consacré un poème durant sa captivité et dont il avait rejoint le combat dans la Résistance :

> Guélowâr !
>
> Nous t'avons écouté, nous t'avons entendu avec les oreilles de notre cœur.
>
> Lumineuse, ta voix a éclaté dans la nuit de notre prison
>
> Comme celle du Seigneur de la brousse, et quel frisson a parcouru l'onde de notre échine courbe ![24]

Enfin, l'ivoirien Félix Houphouët-Boigny, qui succède à Senghor à Champs-sur-Marne deux mois plus tard, est lui aussi tenu en haute estime par le Général, qui lui consacre le passage le plus élogieux dans ses *Mémoires* : « cerveau politique de premier ordre, de plain-pied avec toutes les questions qui concernent non seulement son pays, mais aussi l'Afrique et le monde entier, ayant chez lui une autorité exceptionnelle et, au-dehors, une indiscutable influence et les employant à servir la cause de la raison »[25].

Douze dirigeants africains, soit la majorité, sont reçus entre octobre 1960 et juin 1962, dans les lendemains immédiats de la décolonisation : après Tsiranana, Mba, Senghor et Houphouët-Boigny, viennent le président du Niger Hamani Diori en septembre 1961, celui du Dahomey[26] Hubert Maga en octobre 1961, le président du Congo Fulbert Youlou en novembre 1961, le tchadien François Tombalbaye en mars 1962, le président de Haute-Volta[27] Maurice Yaméogo en avril 1962,

---

23 *Ibid.*

24 Léopold Sédar Senghor, « Au Guélowar », *Hosties noires*, Paris, Seuil, 1948, rééd. dans *Œuvre poétique*, Paris, Points Seuil, 1990, p. 72.

25 Charles de Gaulle, *Mémoires d'espoir…*, *op. cit.*, p. 662.

26 Le Dahomey est renommé République du Bénin en 1975.

27 La Haute-Volta devient le Burkina Faso en 1984.

le roi du Maroc Hassan II en mai 1962, suivi quelques jours plus tard du mauritanien Moktar Ould Daddah puis par le président de Centrafrique David Dacko en juin.

Seules quatre visites ont lieu après juin 1962. Le président du Togo Nicolas Grunitzky, arrivé au pouvoir à la faveur d'un coup d'État, est reçu en mars 1964, alors que son prédécesseur, le premier président togolais Sylvanus Olympio, n'avait pas les faveurs de la France et n'avait pas eu droit aux fastes de Champs. Moins d'une semaine plus tard a lieu l'entrevue avec le président algérien Ben Bella.

Les deux dernières visites officielles utilisant Champs-sur-Marne, en 1967 et 1969, concernent deux pays déjà reçus dans les premières années, mais dont le dirigeant a changé. Le Dahomey connaît une situation relativement instable dans les années 1960, avec plusieurs coups d'État, en 1963, 1965 et 1967. Le premier président Hubert Maga avait été reçu à l'automne 1961 par de Gaulle, qui l'avait assez peu ménagé, le laissant essentiellement aux mains de Foccart. Son successeur, Christophe Soglo, est reçu en novembre 1967 pour une visite officielle, avant d'être renversé moins d'un mois plus tard.

Le président de Centrafrique Jean-Bedel Bokassa est le dernier dirigeant africain reçu à Champs-sur-Marne, en février 1969. Son prédécesseur David Dacko avait été convié en France à la fin de la première vague de réceptions, en juin 1962. Selon Foccart, la principale consigne donnée par le Général était que Bokassa s'engage à ne pas l'appeler Papa, comme lors de leur première rencontre ; Bokassa s'y est tenu[28]. Il est le dernier dirigeant étranger à être reçu au château de Champs-sur-Marne.

## La fin de l'exception africaine

Seize dirigeants africains ont été reçus en visite d'État à Champs-sur-Marne entre 1960 et 1969, dont douze en vingt mois, entre octobre 1960 et juin 1962, dans le contexte de l'immédiate décolonisation. Le protocole spécifique mis en place à cette occasion a permis de les intégrer dans le paysage diplomatique international, tout en les traitant à part, avec des égards particuliers compte tenu de la relation de coopération en cours de construction avec ces nouveaux pays. Dans ses *Mémoires*, le général de Gaulle se satisfait des conditions dans lesquelles s'est déroulé

---

[28] Jacques Foccart, *Foccart parle*, *op. cit.*, t. I, p. 298.

l'accès de ces pays à l'indépendance, « sans grave secousse à la liberté humaine et à la souveraineté nationale. Peut-être les amicales relations que le général de Gaulle entretient avec leurs chefs d'État y sont-elles pour quelque chose »[29]. Plus que d'« amicales relations », le protocole imaginé par le Général et Jacques Foccart a permis de témoigner envers ces nouveaux États d'une considération certaine pour les placer dans le jeu des relations diplomatiques, tout en prenant sur eux un ascendant économique et politique, dans lequel le séjour de Champs-sur-Marne devait être un marqueur de la faveur de l'ancienne puissance coloniale.

Une fois les rouages de la Françafrique installés, l'usage de Champs-sur-Marne n'a cependant pas vocation à perdurer. En 1971, Foccart indique au ministre de la Culture que le président Pompidou n'envisage plus d'utiliser le château et qu'il souhaite le restituer au ministère de la Culture[30], ce qui est acté à l'automne 1971[31]. La décision s'explique par plusieurs raisons. En 1966, de Gaulle a aménagé le grand Trianon pour l'accueil de ses homologues étrangers, et Pompidou souhaite concentrer les visites officielles sur ce seul lieu. Le caractère spécifique souhaité par de Gaulle pour les dirigeants africains se fond ainsi dans le protocole traditionnel des réceptions diplomatiques. Avec Pompidou et Giscard d'Estaing, les anciennes colonies ont droit aux ors du château de Versailles. Omar Bongo, président du Gabon et successeur du premier président Léon Mba, loge au Grand Trianon en 1970, comme Gnassingbé Eyadema, président du Togo en 1971, l'ivoirien Houphouët-Boigny et Hassan II en 1976. Le caractère spécifique se poursuit plus discrètement, dans les officines de la République, sous la houlette de Jacques Foccart.

Les chefs d'État africains ont en outre compris que Champs-sur-Marne pouvait s'apparenter à une prison dorée, loin des lieux de décision. Un certain nombre d'entre eux commence à privilégier, lors de leur séjour en France, leur propre résidence, à l'instar de Félix Houphouët-Boigny qui acquiert, dans les années 1970, l'immense hôtel de Masseran, qui lui sert de pied-à-terre parisien jusqu'à sa mort en 1993.

La création de nouveaux pays dans les anciennes colonies au tournant des années 1950 et 1960 a impliqué la mise en œuvre de relations

---

29 Charles de Gaulle, *Mémoires d'espoir…*, *op. cit.*, p. 662.

30 Lettre du directeur de l'architecture au directeur de la Caisse nationale des monuments historiques, 27 juillet 1971, 20110282/10, AN.

31 Compte rendu de la réunion du 24 septembre 1971, 20110282/10, AN.

diplomatiques pour construire un dialogue entre les États, qui puisse permettre de maintenir l'influence de la France en Afrique. Les ors de la République offerts à ces nouveaux dirigeants avec l'assurance d'être des partenaires privilégiés de la France ont été des rouages indispensables à la conduite d'une politique d'influence, dans laquelle le prestige des lieux s'est combiné à un protocole formel et des pratiques informelles. Pendant dix ans, la Françafrique s'est construite entre l'hôtel de Noirmoutier, chez Jacques Foccart, et le château de Champs-sur-Marne. Les traces de cette histoire sont rares, dans les parcours de visite et dans les livres, qui n'évoquent que peu la place des lieux informels du pouvoir dans la construction des relations nouvelles entre la France et ses anciennes colonies.

# « Un succès remarquable » ? L'escale d'Elizabeth II à Dakar (6 décembre 1961) dans la gestion diplomatique des relations (post-)coloniales

Mélanie Torrent
*Université de Picardie Jules Verne*

L'importance de l'Afrique dans la vie et le règne d'Elizabeth II est ancienne, depuis son discours au Cap à l'occasion de ses 21 ans en 1947 ou son séjour au Kenya durant lequel elle apprend en février 1952 le décès de son père, jusqu'au sommet crucial du Commonwealth à Lusaka en 1979, où sa présence facilite les négociations pour l'indépendance du Zimbabwe[1]. Sa dernière visite officielle sur le continent fut à l'invitation de Nelson Mandela en 1995, et son dernier voyage eut lieu en Ouganda, à l'occasion du sommet du Commonwealth de 2007. Dans cette succession de visites, le voyage en Afrique de l'Ouest à l'automne 1961 occupe cependant une place particulière, le Premier ministre Harold Macmillan l'estimant comme celui qui a eu le plus grand succès[2], alors même qu'Elizabeth II s'est rendue en Inde et au Pakistan quelques mois plus tôt. C'est d'abord, comme le rappelle l'historien Philip Murphy, parce que les visites royales sont des instruments importants de la politique de Macmillan en Afrique entre 1959 et 1961, à une époque où le problème de l'Afrique australe et du Kenya reste entier[3]. Pour la monarchie britannique, il s'agit d'une période délicate où une participation active dans un Commonwealth en pleine transformation ne doit pas pour

---

1 David McIntyre, *The Significance of the Commonwealth, 1965–1990*, Londres, Palgrave, p. 254.

2 « Her Majesty The Queen (Return from West Africa) », HC Deb, *Hansard*, vol. 650, cc. 1552–4, 7 décembre 1961. Voir aussi Ben Pimlott, *The Queen: Elizabeth II and the Monarchy*, Londres, Harper*Press*, [1996] 2012, p. 308–309.

3 Philip Murphy, *Monarchy and the End of Empire: The House of Windsor, the British Government and the Postwar Commonwealth*, Oxford, OUP, p. 71. Les traductions des originaux en anglais sont de l'auteure.

autant cesser de faire de la Couronne un marqueur ou un vecteur d'une « identité nationale spécifiquement *britannique* »[4].

Dans ce périple, du 9 novembre au 6 décembre, il est peu étonnant que ce soit la toute première étape, le Ghana, qui ait retenu l'attention des commentateurs des années 1960 comme des historiens[5]. La Reine s'y rend comme chef du Commonwealth dont le Ghana, république depuis 1960, est membre depuis son indépendance en 1957. Le président Kwame Nkrumah lui-même est à l'origine du voyage, initialement prévu en 1959 et décalé à 1961 en raison de la troisième grossesse de la Reine et l'étape, de 11 jours, est la plus longue. La visite reste incertaine jusqu'au dernier moment ou presque, une série d'arrestations politiques et le voyage de Nkrumah en URSS et en Chine suscitant des inquiétudes à Londres. Le maintien du voyage résulte alors de la volonté politique de Macmillan et de la détermination de la Reine à se rendre en Afrique à une période qu'elle considère cruciale[6]. C'est enfin la visite qui a le plus marqué les imaginaires, Elizabeth II dansant avec Nkrumah au rythme du High Life[7]. Politiquement, c'est une réussite pour la Couronne, le gouvernement britannique et Nkrumah.

Mais le périple est aussi l'occasion pour la Reine, après une escale d'une journée au Liberia, de séjourner une semaine en Sierra Leone, qui a fêté son indépendance sept mois plus tôt : elle y demeure chef de l'État, officie au parlement, renforce les liens d'amitié. Enfin, elle consacre les trois derniers jours à la Gambie, colonie de la Couronne, où les discussions constitutionnelles progressent – lentement, en raison de multiples contraintes pratiques dans un des plus petits territoires de l'empire. Au terme de la visite, le Prince Philip s'envole vers le Tanganyika,

---

4 Philip Murphy, « The African Queen? Republicanism and defensive decolonization in British tropical Africa, 1958–64 », *Twentieth Century British History*, 14(3), 2003, p. 247.

5 Sur les visites d'État, notamment à partir de 1963, voir le chapitre qu'y consacre John W. Young dans *Twentieth Century Diplomacy*, Cambridge, CUP, 2008.

6 Harold Macmillan, *Pointing the Way, 1959–61*, Londres, Macmillan, 1972, p. 472.

7 Ce sont aussi musique, danse, chant (et sport), que les médias africains soulignent dans les cérémonies d'indépendance (auxquelles des membres de la famille royale, mais pas la Reine, participent) dans les années 1960 ; Ed Owens, intervention dans « Empire into Commonwealth: the past, present and future role of Britain's royal family in a global context », Institute of Commonwealth Studies, 8 mars 2021, https://www.sas.ac.uk/videos-and-podcasts/culture-language-and-literature/empire-commonwealth-past-present-and-future-role.

où il est l'invité d'honneur pour les cérémonies de l'indépendance le 9 décembre. La Reine, elle, reprend le chemin de Londres : le seul aéroport praticable est alors Dakar, carrefour stratégique dont le Royaume-Uni fait régulièrement usage[8], et où la Reine fait une toute dernière étape. Si le Foreign Office insiste sur le fait qu'il ne s'agit ni d'une visite officielle, ni d'une escale de courtoisie[9], il n'en reste pas moins que la Reine pose alors le pied pour la première fois dans un pays de l'ex-Afrique française.

À une époque où se pose la question d'une fédération sénégambienne, où s'affrontent plusieurs interprétations du panafricanisme dans une région et un continent marqués par les rivalités franco-britanniques et où le Royaume-Uni pose sa candidature à la Communauté économique européenne (CEE), la mise en œuvre de ces quelques heures éclaire le rôle des voyages royaux dans la gestion de la diplomatie et de l'influence britanniques. Il est important de les inscrire aussi dans le contexte plus large de deux autres visites, officielles, qui ont lieu la même année : celle de la Reine-Mère en Tunisie (24–28 avril) et celle du président sénégalais Léopold Sédar Senghor à Londres (24–28 octobre), quelques semaines avant le passage de la Reine. Les heures dakaroises de la souveraine permettent ainsi d'évaluer, tour à tour, l'impact des considérations matérielles sur les dynamiques de prestige à l'heure des indépendances, le poids des intérêts politiques dans les itinéraires, et l'évolution des relations franco-britanniques telle qu'elle transparaît dans la gestion des cérémonials.

## Diplomatie et dynamiques de prestige dans les indépendances

Un « succès remarquable » est la conclusion tirée par Adam Watson, l'ambassadeur britannique à Dakar, à l'issue d'un transfert « éclair »[10]. Le Britannia arrive dans le port à 8 heures du matin ; le Président Senghor, accompagné des chefs de mission du Commonwealth à Dakar[11] et

[8] C'est vrai du port et de l'aéroport, qu'utilisent aussi le Duc de Kent et la Royal Air Force lors des célébrations pour l'indépendance de la Sierra Leone ; J.H.A. Watson à A.C.I Samuel, 5 mai 1961, The National Archives (TNA), FO 372/7595.

[9] Wilford à T.C. Ravensdale, 12 octobre 1961, TNA, FO 372/7596.

[10] Watson au Foreign Office, 8 décembre 1961, TNA, FO 372/7598.

[11] En 1961, l'Inde est représentée par un ambassadeur (N.J. Rajkumar), le Ghana par un chargé d'affaires (J.H. Williams), tous deux âgés d'une quarantaine d'années. Le

de plusieurs officiels sénégalais, monte à bord pour saluer la Reine à 10h. Accompagnée de Senghor, la Reine passe en revue un régiment de parachutistes avant de se rendre en voiture décapotable au palais présidentiel. Suit une série de réceptions avec divers dignitaires et leurs épouses, avant que la Reine ne quitte le palais à 11h40, empruntant la route touristique de la Corniche pour atteindre l'aéroport, où elle pose pour les photographes avec les diplomates des pays du Commonwealth à Dakar. Selon le ministre de l'intérieur sénégalais, aucun visiteur n'avait tant attiré les foules depuis la visite du Général de Gaulle en 1958[12].

L'escale logistique est ainsi transformée en succès pour la Couronne, ce dont convient aussi Claude Hettier de Boislambert, l'ambassadeur de France au Sénégal. Elle ressemble en cela à la visite en Tunisie de la Reine-Mère, motivée au départ par le fait que le Britannia sera disponible en Méditerranée à cette période et décrite comme un « triomphe personnel » au terme d'un séjour (le premier depuis celui de Victoria en 1881) où s'enchaînent rencontres et réceptions, visites de sites archéologiques, de cimetières militaires (Commonwealth War Graves) et rencontre avec l'Union nationale des femmes de Tunisie et l'organisation caritative Vestiaire National[13]. Au Sénégal comme en Tunisie, le programme, tout en œuvrant à stimuler les relations avec des pays étrangers nouvellement indépendants, vise aussi à rassembler les diplomates issus du Commonwealth – qu'il s'agisse des garden parties de Tunis[14] ou des brefs échanges de Dakar – poursuivant ainsi l'action du réseau diplomatique britannique dans sa globalité.

L'escale royale est aussi un succès pour Senghor, qui avait exceptionnellement assisté à la réception donnée par l'ambassade du

---

représentant des Nations Unies (programmes d'assistance technique) à Dakar est Mohammed Mir Khan, précédemment chef de la délégation pakistanaise à New York et ambassadeur à Paris ; Palliser (Dakar) à Miss A. David (Protocole), 23 octobre 1961, TNA, FO 372/7597.

12 Watson au FO, 8 décembre 1961, *op. cit.*

13 Lambert au FO, 4 mai 1961, TNA, FO 372/7611. Le terme « personal triumph » revient régulièrement dans les courriers relatifs aux visites royales. C'est ainsi que le haut-commissaire britannique qualifie la visite de la Reine à Accra, « Ghana: The Royal Visit », 11 décembre 1961, TNA, DO 201/12.

14 C'est aussi le cas lors des autres étapes du voyage d'Elizabeth II en Afrique, voir H.A.N. Brown à FO, 2 décembre 1961, TNA, FO 372/7598 et « Ghana: The Royal Visit », *op. cit.*

Royaume-Uni pour l'anniversaire de la Reine en juin[15]. L'Ambassade de France souligne que l'escale a été présentée auprès de la population comme une visite officielle, marque de prestige[16], et l'Ambassade du Royaume-Uni note que l'épouse française et les conseillers européens de Senghor sont restés relativement en marge, renforçant le caractère africain du protocole[17]. La visite valorise aussi Senghor comme homme d'État, « porte-parole éloquent d'une Afrique qui n'est ni celle des "Paramount Chiefs" ni celle de N'Krumah », pour reprendre les termes de l'analyse française[18].

Pour les officiels londoniens, une visite royale est, presque en soi, un honneur incomparable. Mais le succès tient aussi, et surtout, au fait que les ambassadeurs britanniques font valoir le principe de réciprocité. C'est Adam Watson à Dakar et Anthony Edward Lambert à Tunis qui savent négocier avec les services politiques et protocolaires pour projeter l'image d'une monarchie britannique qui soit à la fois prestigieuse et accessible. Lambert prévient que la visite de la Reine-Mère, loin de repousser l'échéance d'une visite de Bourguiba à Londres comme le Foreign Office l'espère, la précipitera au contraire[19] – et de fait, Bourguiba est invité à Londres en mai 1961[20] (tout comme la Reine invite le Président libérien William Tubman à Londres l'année suivante). À Dakar, la Reine ne déjeunera pas avec Senghor, contrairement aux souhaits de ce dernier, mais les diplomates font comprendre à Martin Charteris, le secrétaire de la Reine, qu'il n'est pas envisageable d'éluder toute rencontre ou

---

15 Watson à Charteris, 10 juin 1961, TNA, FO 372/7595.

16 Compte rendu hebdomadaire de l'Ambassade de France à Dakar, 11 décembre 1961, Archives du Ministère des Affaires étrangères, MAE 349QO/6 (toutes les références MAE proviennent des fonds de La Courneuve).

17 Watson au FO, 8 décembre 1961, *op. cit.*

18 Ambassade de France à Londres au MAE, « Voyage du Président Senghor en Angleterre et évolution de l'attitude britannique à l'égard de la Communauté », 2 novembre 1961, MAE 349QO/23.

19 Cabinet Office, « Royal visits overseas and visits by foreign heads of state », 4 novembre 1960, TNA, CAB 21/5402 ; et conversation du 26 janvier 1961, TNA, FO 372/7611. Le lien de cause à effet est confirmé par Roger Stevens dans une note du 2 mars 1961, suite à une entrevue avec Taieb Slim, Ambassadeur de Tunisie à Londres, TNA, FO 371/158995.

20 Il y séjourne du 16 au 19 mai, le voyage étant finalisé sur les conseils de Slim ; FO à A.E. Lambert 7 juin 1961, TNA, FO 371/158999.

cérémonial[21]. Sur ce point, les archives ne montrent pas d'intervention directe d'Elizabeth II, dans un sens ou un autre. En revanche, la visite en Tunisie est très explicitement voulue par la Reine-Mère qui s'est rendue en Afrique centrale en 1960, reçoit des dossiers sur la situation en Afrique du Nord[22] et ajoute dans le discours préparé par le Foreign Office une note personnelle sur le passage de son époux dans la région pendant la Deuxième Guerre mondiale[23].

L'Afrique hors Commonwealth reste toutefois marginale. Le Foreign Office rejette la proposition d'une escale en Côte d'Ivoire, faite par l'ambassadeur britannique qui craint que l'escale sénégalaise ne provoque le ressentiment du Président Félix Houphouët-Boigny[24] ; sont aussi rejetées les sollicitations pour une visite de la Reine au Maroc, faites au cours de l'été puis début décembre lorsque le représentant ghanéen à Rabat relance l'idée d'un séjour (idéalement, précise-t-il, avant l'indépendance de l'Algérie), à quelques jours de l'arrivée de la Reine à Dakar[25]. L'impact des cérémonials ne doit donc pas non plus être exagéré. La Reine envoie à Senghor un simple télégramme, et non une lettre comme l'aurait souhaité le Foreign Office[26] ; et le Foreign Office comme le Palais excluent toute visite officielle au Sénégal dans un avenir proche, dissuadant Senghor d'inviter la Reine publiquement pour l'année suivante[27]. L'importance du Royaume-Uni est aussi, inversement, relative : les dates des visites officielles de Senghor et Bourguiba sont proposées par le Royaume-Uni dans le cadre de voyages plus longs effectués par les chefs d'État africains,

---

21 M. Charteris à D. Malcolm, 19 mai 1961, TNA, FO 372/7595, suite à des échanges avec l'ambassade et le Foreign Office depuis mars. En août, Palliser intervient pour améliorer la logistique de l'escale, qui lui semble accorder plus d'importance aux bagages qu'aux personnes ; Palliser à Watson (alors à Londres), 12 August 1961, TNA, FO 372/7596.

22 Correspondance entre le Foreign Office et Martin Gilliat, secrétaire de la Reine-Mère, en janvier et février 1961, TNA, FO 372/7611.

23 Discours révisé par la Reine-Mère et transmis à Alison David (FO) par Martin Gilliat, 17 avril 1961, TNA, FO 372/7611.

24 R.J. Stratton (Abidjan) à B. Miller, 23 septembre 1961, TNA, FO 372/7596 ; note de K.M. Wilford, 23 octobre 1961, TNA, FO 372/7589.

25 Ian Samuel à Michael Adeane, 14 juillet 1961, et R.A. Beaumont (Rabat) à Sir Roger Stevens (FO), 12 décembre 1961, TNA, FO 372/7589

26 Charteris to Malcolm, 15 December 1961, TNA, FO 372/7589

27 Adeane à CRO, 3 décembre 1961, et FO à Dakar, 4 décembre 1961, TNA, FO 372/7589.

où Londres n'est pas la principale destination – tous deux rentrent ainsi du Canada et des États-Unis[28].

## Intérêts britanniques et choix des itinéraires

Mais si l'Afrique francophone n'est pas prioritaire, Dakar en est le principal centre diplomatique : l'ambassadeur britannique est accrédité en Mauritanie, au Togo et au Dahomey (et consul général en Guinée Bissao). Son équipe voyage régulièrement dans la région, y compris au Mali, en Côte d'Ivoire, mais aussi au Nigeria et au Ghana. Ce sont en réalité des considérations politiques qui expliquent que la décision soit prise au printemps 1961 de prolonger l'escale de la Reine de quelques heures, contrairement à ce que souhaite Charteris, et Watson a sur ce point tout le soutien de sa hiérarchie à Londres. La question est débattue en même temps que l'invitation à Londres de Senghor pour l'automne 1961, suite à la visite de son Premier ministre Mamadou Dia en janvier. Plus que des considérations relatives à la candidature britannique à la CEE, c'est d'abord la lutte contre le communisme qui guide les projets britanniques. Londres invite également le Président malien Modibo Keïta, pour l'encourager dans une politique de non-alignement, alors qu'il cherche à réduire sa dépendance par rapport à la France et se rapproche du bloc soviétique mais apparaît plus modéré que d'autres hommes politiques maliens[29]. Il est alors important d'accorder à Senghor toute la considération nécessaire, pour ne pas donner aux États africains étroitement liés à la France et opposés au communisme le sentiment qu'ils passent après leurs rivaux. À l'été 1961, Watson souligne aussi les tensions en politique intérieure, et le poids d'une opposition plus radicale – Senghor n'est pas en danger immédiat, à ses yeux, mais consolider son influence et son pouvoir ne peut qu'être bénéfique[30]. De même, Bourguiba est perçu avant tout par Londres comme un allié au croisement de la Guerre froide et des décolonisations, « un personnage

[28] Tunis à FO, 16 mars 1961 ; l'invitation de Bourguiba a lieu sur proposition de l'ambassadeur de Tunisie à Londres, A. Acland à P. de Zuleta, 7 mars 1961, TNA, PREM 11/3587. Sur les relations Senghor-Kennedy, voir Yohann C. Ripert, « Decolonizing diplomacy: Senghor, Kennedy and the practice of ideological resistance », *African Studies Review*, 64(2), 2021.

[29] Oliver Wright à Philip de Zulueta, 31 janvier 1961, TNA, PREM 11/3174.

[30] Watson à FO, 24 juillet 1961, TNA, PREM 11/3174.

remarquable dans les conseils africains, modéré et courageux »[31] : le fait que la visite royale puisse précipiter l'invitation du président tunisien à Londres n'est donc, au final, aucunement source d'inquiétude pour le Foreign Office, bien au contraire[32].

Joue aussi l'admiration qu'expriment Dia et Senghor « pour l'ampleur du processus de décolonisation que [le Royaume-Uni] avait mené »[33] et pour l'entreprise du Commonwealth, à une époque où Senghor évoque ses projets de Commonwealth à la française[34]. Si les archives ne sont pas explicites à ce sujet, il est possible que le désir de consolider l'image d'un Commonwealth tel que le veulent les Britanniques ait influencé l'attention accordée à l'escale de Dakar, où le Royaume-Uni est le principal pays du Commonwealth représenté, où les diplomates de la région savent que certains milieux ghanéens et indiens nourrissent des désirs de transformation radicale du Commonwealth, après la sortie de l'Afrique du Sud au printemps 1961[35]. D'après les notes de Michael Palliser, Premier secrétaire de l'ambassade britannique, le Ghanéen J.H. Williams a une assez piètre opinion des Sénégalais, il est proche des milieux d'opposition dakarois et plutôt distant avec l'ambassade britannique[36]. Or, Londres connaît l'opposition du Sénégal aux projets panafricains du Ghana, son soutien à une négociation en Algérie par l'entremise du général de Gaulle, enfin, à une époque où la crise congolaise fait rage, son approbation de la politique de retrait graduel menée par les Conservateurs[37]. Tout en revendiquant son attachement à un socialisme africain, Senghor exprime ce dernier point à Macmillan en présence de Jean Chauvel, ambassadeur de France à Londres, à l'issue d'un dîner officiel en octobre.[38].

---

31 Acland à de Zulueta, 7 mars 1961, TNA, PREM/3587.

32 F. Hoyer Millar, 26 janvier 1961, TNA, FO 372/7611.

33 « Record of talks between the Prime Minister and the President of Senegal at Admiralty House at 11.30 am on Wednesday October 25, 1961 », TNA, PREM 11/3174.

34 Voir aussi Mélanie Torrent, « Interprétations et transpositions du Commonwealth : L.S. Senghor et la tentation d'un Commonwealth à la française », *Cahiers Charles V* 49, 2012.

35 A. Snelling, « Ghana: Stock-Taking », 19 août 1961, TNA, DO 195/195.

36 Palliser à David, 23 octobre 1961, TNA, FO 372/7597.

37 Watson à FO, 20 janvier 1961, TNA, PREM 11/3174, et « Record of a conversation at Admiralty House, 23 janvier 1961 », TNA, PREM 11/3180.

38 J. Chauvel à MAE, 26 octobre 1961, MAE 349QO/47.

Mais c'est surtout la perspective d'une association ou fédération sénégambienne qui influence les Britanniques, à l'heure où se reconfigurent les alliances régionales en Afrique et en Europe. Pour des raisons économiques et financières, l'ensemble des ministères britanniques est favorable à une association sénégambienne, les discussions internes portant sur le maintien ou pas d'une identité gambienne dite « anglophone », spécifique, et ses conséquences pour l'implication britannique dans la région. La note rédigée par le Secrétaire d'État aux Colonies Ian Macleod en décembre 1960, suite à ses échanges avec Watson à Dakar et le Gouverneur Edward H. Windley à Bathurst, est très claire à cet égard[39]. Dans tous les cas, il est donc essentiel de conserver, voire de renforcer, de bonnes relations avec le Sénégal, acteur central du processus. C'est en ce sens qu'est conçue la visite officielle de Senghor, son discours à Chatham House et à Oxford, et son déjeuner avec la Reine. Lors de son séjour, Senghor évoque également son intention d'ouvrir une ambassade au Tanganyika après son indépendance imminente et de créer des ponts entre les Afriques[40]. L'importance de la Gambie – certes toute relative dans la politique globale britannique – transparaît dans la presse. À la mi-novembre, le *Daily Graphic*, quotidien publié à Accra et appartenant au groupe du *Daily Mirror* de Londres, consacre une demi-page au voyage londonien de Senghor. Au-dessus d'un message de bienvenue de la municipalité de Kumasi au couple royal, les idées de Senghor sur le Commonwealth, sur l'importance de stimuler les relations entre sphères francophones et anglophones en Afrique et sur la Gambie dont l'avenir devait être décidé par ses habitants, sont décrites en parfaite harmonie avec celles de Whitehall[41]. Le ton est certainement optimiste mais il traduit aussi une volonté de promouvoir au Ghana une autre version du panafricanisme que celle de Nkrumah et du bloc de Casablanca. Au retour de la souveraine en décembre, le *Times* souligne l'importance du voyage en Gambie qui, précisément parce qu'encerclée par le Sénégal, ne devait pas oublier « ses liens vieux de trois cents ans avec la Grande-Bretagne »[42]. Si l'escale dakaroise n'est pas évoquée,

---

39 Note confidentielle de Ian MacLeod pour le Premier ministre, 6 décembre 1960, TNA, PREM 11/4683.

40 « Record of talks between the Prime Minister and the President of Senegal », *op. cit.*

41 Walter Schwarz, « A French-speaking African leader in London », *Daily Graphic*, 13 novembre 1961, p. 7.

42 « The Queen nears end of her 10,000-mile journey », *The Times*, 6 décembre 1961, p. 13.

l'article reflète néanmoins l'importance que les responsables britanniques accordent alors aux dynamiques anglo-sénégalaises dans une période agitée de transferts des pouvoirs, dont les résultats restent incertains. À une époque où, selon le consul du Sénégal en Gambie, Radio Dakar est la première radio d'information en Gambie, la visite est donc « un succès remarquable » parce qu'elle a un impact sur la petite communauté Commonwealth de Dakar et plus précisément sur les Gambiens qui s'y trouvent. La conclusion de Watson découle ainsi directement, dans sa synthèse, de l'exclamation de son chauffeur gambien : « She is lovely, our Queen »[43].

## Les visites royales au prisme des relations franco-britanniques : circuits d'information et de décision

Si les pays africains nouvellement indépendants figurent plus centralement dans les politiques de Londres, la correspondance montre que les intérêts et réactions de la France restent en réalité des facteurs significatifs dans l'organisation des relations de Londres avec l'ex-Afrique française. La première réaction de Macmillan quand le Foreign Office parle d'inviter Keïta et Senghor est : « Qu'est-ce que de Gaulle va en dire ? Est-ce qu'il ne faudrait pas en parler à l'Ambassadeur français ? »[44]. En l'occurrence, la principale préoccupation de Paris est que les dirigeants africains francophones donnent à la France la primeur de leur première visite officielle[45] – et la visite de Senghor à Londres est une étape dans un séjour qu'il fait avant tout à Paris. Le parcours même de plusieurs diplomates britanniques en poste en Afrique les lie à la France. Michael Palliser arrive au Sénégal après quatre années à l'Ambassade du Royaume-Uni à Paris et est très conscient de la présence importante d'anciens responsables français dans le gouvernement sénégalais[46].

Si aucun des documents consultés ne laisse supposer que l'escale de la Reine a été validée en amont par la France, les réactions de la France

43 Watson à FO, 8 décembre 1961, *op. cit.*

44 Note manuscrite du 1er février sur courrier du 31 janvier, évoquée dans P. de Zulueta à J. Oliver Wright, 2 février 1961, TNA, PREM 11/3174.

45 Notes de la Direction d'Afrique Levant, 9 et 21 février 1961, MAE 349QO/23.

46 Entretien de Sir Michael Palliser avec John Hutson, British Diplomatic Oral History Programme, 28 avril 1999, p. 7 (https://www.chu.cam.ac.uk/media/uploads/files/Palliser.pdf).

sont bien prises en compte, notamment pour la visite de la Reine-Mère en Tunisie. L'avis de Paris n'est pas explicitement demandé – Paris est simplement informé en amont, en même temps que les représentants du Commonwealth à Tunis[47] – mais l'évaluation des réactions françaises occupe de nombreuses discussions entre le Foreign Office à Londres et les ambassadeurs Lambert à Tunis et Sir Pierson Dixon à Paris[48]. Les Britanniques concluent que la visite ne sera annulée que si les relations entre la France et la Tunisie devaient connaître une forte détérioration. Le putsch des généraux à Alger du 21 au 26 avril ne bouleverse finalement pas les plans, après mûre considération et même si Bourguiba est visiblement préoccupé par les évènements algériens, notamment lors du dîner du 24[49] ; la crise de Bizerte, arrivant plusieurs semaines après, ne mettra pas non plus les Britanniques à l'épreuve sur ce point. L'impact possible de la guerre en Algérie est, de fait, une considération constante mais diffuse des diplomates britanniques et n'a qu'une mince incidence sur les projets, y compris sur l'itinéraire de la Reine Elizabeth, qui survole l'Algérie au retour de Dakar[50].

De fait, la France se sent peu menacée par les programmes de visite de Londres. Les stratégies d'influence britanniques, note Paris, opèrent avec des moyens financiers bien inférieurs à ceux de la France et visent avant tout « les milieux parlementaires et syndicaux »[51], alors que le public

---

47 La proposition de visite est présentée à Bourguiba le 9 février, Paris est informé le 20 ; A. Rumbold à I. Samuel (FO), 20 février 1961, et FO à Rabat, 21 février 1961, TNA, FO 372/7611.

48 C'est également vrai de la visite de Bourguiba à Londres, après les entretiens du président tunisien avec De Gaulle à Paris en février. La visite est possible, puisque Paris a été la première destination ; note de J.G.S. Beith, 4 mars 1961, TNA, FO 371/158995. Elle est aussi souhaitable car, au-delà de son incidence sur la visite de la Reine-Mère, finalisée simultanément, la France fait savoir à Pierson Dixon qu'un tel séjour renforcerait le prestige international de l'allié tunisien ; Acland à de Zulueta, 7 mars 1961, TNA, PREM 11/3587.

49 Lambert à FO, 4 mai 1961, TNA, FO 372/7611. La Reine-Mère dort par ailleurs à bord du Britannia, et non sur le sol tunisien.

50 L'Algérie est plus sûre que le Mali, si un problème technique survenait, et les difficultés viendraient du terrain plutôt que d'une quelconque présence du FLN lors d'un atterrissage forcé. Seule une rébellion de l'Armée de l'Air française obligerait à revoir l'itinéraire ; note de R.S. Scrivener, 11 octobre 1961, TNA, FO 372/7596.

51 Haute Représentation de la France à Dakar, Synthèse générale, juin 1961, MAE 349QO/1 ; « Voyage du Président Senghor en Angleterre et évolution de l'attitude britannique à l'égard de la Communauté », Ambassade de France (Londres) à MAE, 2 novembre 1961, MAE 349QO/23.

britannique se désintéresse assez largement des visites au Royaume-Uni des dirigeants de l'Afrique dite francophone. Mais la sérénité de Paris vient aussi de l'attitude des personnalités royales, De Gaulle ayant lui-même une opinion favorable d'Elizabeth II après sa visite d'État à Londres en avril 1960[52]. À Tunis, Lambert et le chargé d'affaires français, Gérard Raoul-Duval, notent que l'élégance du français de la Reine-Mère ravit ses hôtes. Surtout, Raoul-Duval souligne qu'elle a exprimé toute sa sympathie pour De Gaulle dans ses conversations ; c'est à cela qu'il attribue le fait que Bourguiba « s'abstint en public de faire la moindre allusion à nos difficultés [et que] lors d'un toast porté à Sa Majesté, il tint, en évoquant l'aide attendue de l'Occident, à mentionner le peuple français comme le premier des amis de la Tunisie »[53]. Les Français reçoivent par ailleurs un double compte-rendu de la visite de Senghor à Londres, par leurs contacts britanniques et sénégalais, permettant à l'Ambassadeur Jean Chauvel de faire une synthèse longue et détaillée[54]. La France est ainsi en mesure d'évaluer que c'est avant tout sur le plan des relations culturelles que les relations anglo-sénégalaises se concentreront. La lecture croisée des documents français et britanniques montre que la France attache à cette dimension des relations plus d'importance que Londres, dans le cadre du rapprochement entre Afrique anglophone et francophone que souhaite Senghor. C'est dans cet objectif que sont évoqués le projet d'ouverture d'un centre du British Council et un renforcement des activités de la BBC. La diplomatie culturelle britannique a la préférence de Senghor, à la fois pour des raisons de « pureté » linguistique mais surtout parce qu'à ses yeux, elle s'apparente moins à de la propagande que celle des Américains et présente moins de risque d'entraîner des contre-offensives chinoises et soviétiques. Fait tout aussi significatif, si ce n'est plus, Chauvel note aussi que les informations données par les visiteurs sénégalais sur la Gambie, comme le précise l'Ambassadeur du Sénégal à Londres Léon Boissier-Palun, n'ont pas fait état de toutes leurs ambitions. Alors que s'est réuni à Dakar les 21–23 juin 1961 le premier comité interministériel sénégalo-gambien, dédié notamment à la question des télécommunications et infrastructures[55], les informations en provenance de Gambie soucient

---

52 Pimlott, *The Queen*, *op. cit.*, p. 302–303.

53 « Visite en Tunisie de la Reine-Mère Elizabeth d'Angleterre », Gérard Raoul-Duval à MAE, 13 mai 1961, MAE 30QO/20.

54 Conversation avec B. Stevens, 26 janvier 1961, TNA, FO 372/7611.

55 Première réunion du comité interministériel sénégalo-gambien, Communiqué conjoint, 23 juin 1961, Archives nationales du Sénégal (ANS), VP 150.

le Sénégal. À l'automne, les rapports du consul général du Sénégal en Gambie notent les difficultés financières de la Gambie, dues aux sous-dotations du gouvernement britannique, et s'inquiètent de l'action de groupes proches de la Guinée et du Ghana qui pourrait compromettre l'équilibre des forces politiques dans le territoire[56]. Un article dans *Gambia Outlook* retient particulièrement l'attention du consul, qui demande un démenti au chef du gouvernement gambien, Pierre N'Diaye[57]. Si le Sénégal n'a pas d'ambitions impérialistes, il ne laissera pas pour autant un régime hostile s'installer à Bathurst[58].

Mais les diplomates français concluent un peu hâtivement que l'impression que « Senghor aura laissée à Londres est celle de la supériorité qualitative des cadres africains d'expression française sur ceux de formation anglaise » et que sa visite est avant tout « un succès non seulement pour le Sénégal et pour la Communauté, mais d'une façon générale, pour l'Afrique d'expression française »[59]. Si le voyage de la Reine en Afrique de l'Ouest est significatif, c'est précisément parce qu'il s'appuie sur un cérémonial et sur une multiplicité de rôles qui n'a pas d'équivalent en France. Londres approuve certes l'évolution de la relation franco-africaine, mais continue de n'y voir aucun modèle pour ses propres territoires[60]. Certes, ni les Tunisiens ni les Sénégalais ne marquent d'appétence pour le système monarchique, notent les officiels britanniques, qui sont par ailleurs conscients qu'au sein de la sphère empire/Commonwealth, un vrai attachement à la Couronne après 1945 n'est sensible que parmi les populations d'ascendance britannique – un « sentiment d'identité racialo-nationale » primant sur une quelconque « identification abstraite aux valeurs britanniques »[61]. Lambert rappelle aussi que pour les Tunisiens, la royauté renvoie avant tout « à des personnages plutôt décrépits comme le vieux Bey et le roi de Libye »

---

56 Elhadj Amadou Moctar Diouf à Doudou Thiam, 25 octobre et 27 novembre 1961, ANS, VP 158.

57 Diouf à Thiam, 15 novembre 1961, ANS, VP 158.

58 « Voyage du Président Senghor en Angleterre », *op. cit.*

59 *Ibid.*

60 Mélanie Torrent, « Whitehall, the French Community and the Year of Africa: Negotiating post-independence diplomacy in West Africa », *in* Tony Chafer, Alexander Keese (dir.), *Francophone Africa at Fifty*, Manchester, Manchester University Press, 2013.

61 Murphy, *Monarchy*, *op. cit.*, p. 16.

et qu'elle ne suscite aucune « mystique »[62]. Mais le rôle spécifique tenu par la Reine d'Angleterre, ou la Reine-Mère, et leur capacité à nouer des relations conviviales suscitent néanmoins une certaine admiration, voire un respect. Comme le suggère Lambert au sujet de la visite de la Reine-Mère, l'absence de « conversations de nature politique » n'empêche pas d'obtenir des « résultats politiques »[63], à plus ou moins long terme, et les effets de ce que Barbara Keys appelle le « strategic dining[64] » lui semblent incontestables – les réceptions à bord du Britannia en sont la preuve[65], tout comme les Britanniques reconnaissent à Senghor et Bourguiba des qualités humaines renforçant leur stature d'homme d'État.

## Conclusion : un soft power partagé ?

Si les visites royales, y compris la brève escale non-officielle de la Reine à Dakar, montrent que la monarchie reste source de soft power et de prestige à l'ère des transferts de pouvoirs, elles permettent aussi aux dirigeants africains de marquer leur propre empreinte sur la scène nationale et internationale. Des considérations matérielles expliquent avant tout le passage à Dakar (de même que la visite de la Reine-Mère à Tunis) mais les alliances nécessaires à l'influence britannique dans la Guerre froide et les fins d'empire en dictent les modalités et obligent Londres à adapter son propre programme d'invitations officielles sur le sol britannique. Il n'y a, certes, aucune comparaison avec l'Afrique britannique et du Commonwealth, dont les leaders viennent par ailleurs régulièrement à Londres, ne serait-ce que pour les sommets des chefs d'État et de gouvernement du Commonwealth. Si le voyage de la Reine-Mère en Afrique centrale a pu précipiter la libération du leader anticolonialiste Hastings Banda en 1960[66], il n'y a pas d'équivalent dans l'Afrique ex-française, où la nature des relations est nécessairement tout autre.

Lorsque la Reine retourne à Dakar en 1968, il s'agit à nouveau d'une escale, une double étape (aller et retour) lors de son voyage en Amérique

---

[62] Conversation avec B. Stevens, *op. cit.*

[63] Lambert à FO, 4 mai 1961, TNA, FO 372/7611.

[64] Barbara Keys, « The diplomat's two minds: deconstructing a foreign policy myth », *Diplomatic History*, 44(1), 2020, p. 12.

[65] Lambert et Raoul-Duval, et Watson dans un contexte différent, le notent en particulier.

[66] Murphy, *Monarchy*, *op. cit.*, p. 74.

du Sud (Brésil et Chili). L'équation gambienne, cependant, continue de distinguer le Sénégal – sans qu'il ne pose à Londres les difficultés de l'entreprise de « réunification » camerounaise. Lorsque le nouvel ambassadeur John Tahourdin présente ses lettres de créance en novembre 1966, Senghor rappelle que « tout homme cultivé, en ce XX^e^ siècle, doit être, pour le moins, bilingue » et que « le bilinguisme franco-anglais » est la première condition de la coopération avec la Gambie, devenue indépendante le 18 février 1965. « [L]a coopération anglo-sénégalaise », précise Senghor, est précieuse parce qu'elle « favorisera la coopération sénégalo-gambienne »[67]. Pour Tahourdin, les brèves escales de 1968, dont la pose de la première pierre du British Institute auquel Senghor tient tant, sont sources de « dividendes sans aucune proportion avec la durée » de la visite[68]. L'ouverture d'un centre du British Council en 1973, alors que le Royaume-Uni entre dans la CEE, confirme, d'une certaine manière, la lecture que faisait Senghor en 1961 de ce que devaient être les intérêts britanniques en Afrique de l'Ouest et leur mise en œuvre – même si le délai de plus de dix ans depuis l'intérêt exprimé par Senghor pour une mission du British Council, souligne aussi la marginalité de la région dans la politique globale, et africaine, du Royaume-Uni.

De fait, les discussions préparatoires et les comptes rendus soulignent une tension permanente entre l'importance de l'Afrique comme terrain de la Guerre froide, et sa marginalité dans le paysage diplomatique britannique. En août 1961, le représentant britannique à Accra note que la visite royale sera un grand moment mais qu'il serait sans doute plus utile de réformer la politique britannique : augmenter la contribution au développement du Ghana ; et cesser de donner un appui inconditionnel aux membres de l'OTAN, notamment à la France suite à la crise de Bizerte[69]. Les échanges avec la France au cours de l'année 1961 montrent que l'appel reste largement lettre morte. À plus long terme vis-à-vis de l'Afrique, c'est donc surtout par son association au Commonwealth dont elle demeure le chef symbolique que la Couronne pourra compenser, au moins en partie, les immobilismes de Londres, comme lors du Sommet de Lusaka en 1979. Pour le diplomate guyanais Rashleigh Jackson, président du Conseil des Nations Unies pour la Namibie (1973–1978), c'est « en

67 Réponse du Président à J.G. Tahourdin, 2 novembre 1966, ANS, Grande-Bretagne.

68 J.G. Tahourdin à M. Stewart, 16 January 1969, TNA, FCO 65/145.

69 « Ghana: Stock-Taking », *op. cit.*

termes hautement symboliques et fonctionnels »[70] que la contribution de la Reine opère. En ce sens, le défi des chorégraphies politiques et médiatiques est alors de pouvoir réévaluer, plutôt qu'occulter ou célébrer, une histoire nationale, coloniale et impériale d'un Royaume-Uni en transformation.

---

[70] Entretien avec Rashleigh Jackson, 27 janvier 2015, *Commonwealth Oral History Project* (www.commonwealthoralhistories.org), https://sas-space.sas.ac.uk/6122/1/Rashleigh_Jackson_Transcript.pdf, p. 25.

# DEUXIÈME PARTIE

# MONDIALISATION, ADAPTATION, DIVERSIFICATION

# Réinventer l'exercice. Les visites d'État en Chine sous la V^e^ République

Agnès Tachin
*CY Cergy Paris Université*

À l'exception du général de Gaulle, tous les présidents de la V^e^ République sont allés en visite officielle en Chine au cours de leur mandat. Georges Pompidou, Valéry Giscard d'Estaing et François Mitterrand ont entrepris un seul voyage, Jacques Chirac en a effectué quatre en douze ans, Nicolas Sarkozy et François Hollande respectivement six et deux durant leur quinquennat, enfin, Emmanuel Macron a promis à l'issue de son premier déplacement en 2018 d'y retourner chaque année. Si les visites sont plus nombreuses à partir des années 1990, leur forme en revanche ne varie guère. Les dirigeants français et chinois privilégient pour leurs rencontres la plus honorifique d'entre elles, la visite d'État, classée par le protocole devant les voyages officiels, les visites de travail et les visites privées en raison de son fort degré de solennité. Constituées d'entretiens, de cérémonies comme la remise de cadeaux et de décorations, de visites, de discours, de réceptions, les visites d'État se déroulent selon un programme très millimétré. Mais, malgré sa rigidité protocolaire, ce format de rencontre n'est pas immuable ni impersonnel, chaque voyage porte en effet la marque de son président qui l'adapte selon l'idée qu'il se fait de l'exercice et en fonction de l'évolution de la relation bilatérale. La question se pose particulièrement avec la Chine, dont l'ascension extraordinaire à la fin du XX^e^ siècle a bouleversé l'ordre mondial et conduit la France, comme d'autres pays, à redéfinir sa politique chinoise. Que nous apprennent ces rencontres sur la perception française du géant asiatique sur le long terme ? Dans quelle mesure l'effet d'accélération des années 1990–2000, produit par la mondialisation et le passage au quinquennat a-t-il impacté les voyages ? Cette contribution examinera d'abord l'organisation des visites avant l'effondrement du monde bipolaire (1973, 1980, 1983), alors que la Chine est encore en retrait sur la scène internationale, puis les changements survenus à partir de la présidence de Jacques Chirac.

## Voyages d'un autre « temps »

Le général de Gaulle n'est pas allé en République populaire de Chine (RPC) mais sa décision historique de la reconnaître officiellement et d'échanger avec elle des représentations diplomatiques a donné naissance à un double mythe[1] réactivé régulièrement à l'occasion des voyages présidentiels. Le premier est la *primauté* de la reconnaissance française alors qu'elle fut précédée par celle d'autres pays comme le Royaume-Uni, la Norvège ou encore l'Irlande. Le second est que le geste de 1964 aurait créé une relation « privilégiée » entre Paris et Pékin. L'analyse des relations franco-chinoises depuis 60 ans montre que cette qualification de la relation bilatérale doit être relativisée. Les intérêts respectifs des deux pays n'ont pas favorisé leur rapprochement. De fait, la RPC, au moins pour les trois premières décennies, a occupé une place tout à fait secondaire dans la politique étrangère française et la France ne fut jamais son interlocuteur privilégié. La programmation tardive des trois premières visites d'État dans l'agenda présidentiel est à ce titre significative. Georges Pompidou se rend à Pékin seulement en septembre 1973, c'est la dernière visite d'État de son mandat écourté que le président entreprend malgré sa maladie[2]. Valéry Giscard d'Estaing programme son déplacement en octobre 1980, il aura visité, auparavant, pas moins de 41 pays. Enfin, François Mitterrand s'y rend deux ans après son élection à la présidence, c'est alors son 29e voyage mais il n'y retourne pas durant ses deux septennats alors qu'il est allé une dizaine de fois aux États-Unis et quatre fois en URSS. Il faudra donc attendre 14 ans (1997) pour que les autorités chinoises accueillent de nouveau officiellement un président français.

Georges Pompidou est bien le premier président du monde occidental à se rendre en visite d'État dans la Chine communiste, mais le nouveau contexte international limite aussi la portée de l'événement. L'admission de la RPC à l'ONU en 1971 et la visite privée de Nixon à Pékin en février 1972 ont sorti le pays asiatique de son isolement. La normalisation des relations sino-américaines est cependant retardée par la guerre du

---

1 Françoise Mengin, « La politique chinoise de la France. Du mythe de la relation privilégiée au syndrome de la normalisation », *Critique internationale*, n° 12, juillet 2001, p. 99.

2 Suivront trois déplacements de deux jours : entretiens franco-britanniques (16–17 novembre 1973), sommet de Copenhague (14–15 décembre 1973), entretiens franco-soviétiques à Pitsounda (12–13 mars 1974). Inventaire des archives présidentielles du président Georges Pompidou, AN.

Vietnam et la question de Taïwan, c'est donc à Pompidou plutôt qu'à Nixon que Pékin réserve les honneurs d'une visite d'État en souvenir du geste de 1964[3]. La visite fixée du 11 au 17 septembre est préparée avec soin, elle donne lieu à deux missions préparatoires en mars et juillet. Ces premiers contacts se déroulent néanmoins dans un climat de défiance réciproque. Les dirigeants chinois donnent en effet peu d'informations sur le déroulé du programme. Le nombre d'entretiens, les personnalités accompagnant le président lors de ses déplacements, le lieu de rencontre avec Mao, ne sont communiqués qu'au dernier moment[4]. Organisé finalement le deuxième jour de la visite, l'entretien avec le Grand Timonier, qui s'est retiré du pouvoir, constitue le temps fort du voyage. Les caméras de télévision filment, pour la postérité, la longue poignée de main entre Pompidou et Mao Zedong[5]. Un moment hautement symbolique, mais dont les retombées politiques sont faibles[6]. Les discussions avec le premier ministre, Zhou Enlai, ne débouchent pas non plus sur de grands résultats. S'il existe en 1973 des convergences de vue entre Pékin et Paris sur quelques grands principes tels que le rejet du monde bipolaire, l'attachement à l'indépendance ou le soutien au tiers-monde, les désaccords subsistent sur la détente, la crise en Asie du Sud-Est ou la construction européenne[7]. Sur le plan économique, l'achat du Concorde et du système Secam de télévision couleur est évoqué sans aboutir à un début de négociation. Henri Froment-Meurice, alors directeur du département « Asie-Océanie » au Quai d'Orsay, se souvient surtout de la visite culturelle. Le site de l'armée enterrée à Xi'an devenu par la suite la visite incontournable pour tout chef d'État invité, n'était pas encore mis à jour, par conséquent :

---

3 Pierre Grosser, *L'histoire du monde se fait en Asie. Une autre vision du XX^e^ siècle*, Paris, Odile Jacob, 2017, p. 462–463

4 Jean-Paul Anglès, Archives orales, Institut Georges Pompidou.

5 « Deuxième journée en Chine du président Georges Pompidou », *Journal télévisé*, 12 septembre 1973, INA.

6 Mao Zedong aborda des sujets aussi divers que « le danger de l'URSS, l'affaire du Watergate, l'Europe, la Seconde Guerre mondiale, la Révolution française, Napoléon et César… » in Éric Roussel, *Georges Pompidou*, Paris, J.-C. Lattès, 1984, p. 580–590. Compte rendu de l'entretien de M. Pompidou et du président Mao Zedong, AN-5AG-2/1030.

7 Laurent Cesari, Denis Varaschin (dir.), *Les relations franco-chinoises au XX^e^ siècle et leurs antécédents*, Arras, Artois Presses Université, 2003, p. 278–280

> Il fallait aller quelque part où personne, du moins parmi les visiteurs récents, n'était allé. Le choix s'est porté sur les grottes bouddhiques de Datong au Nord-Ouest de Pékin. C'est le seul « clou », et encore, de ce voyage par ailleurs très calme et conventionnel : trois jours à Pékin de mardi après-midi à vendredi après-midi avec seulement deux repas officiels, une soirée de ballets, trois entretiens avec Zhou Enlai[8].

À travers ce voyage, Pompidou a surtout montré sa loyauté à l'égard de De Gaulle en donnant le prolongement attendu au geste de 1964. Mais le rapprochement avec la Chine communiste n'est pas au cœur de sa politique extérieure, tournée en cette période de récession et d'instabilité monétaire vers l'Europe, les États-Unis et l'Afrique francophone.

Elle ne l'est pas davantage pour Valéry Giscard d'Estaing, préoccupé par les chocs pétroliers. La priorité donnée aux approvisionnements énergétiques fait en effet passer au premier plan les déplacements vers les pays producteurs d'hydrocarbures (Afrique du Nord, Moyen-Orient). Le président s'apprête à visiter un pays qu'il ne connaît pas comme il le précise dans ses mémoires :

> Quand mes collaborateurs ont commencé à préparer mon voyage officiel en Chine, à la fin de l'année 1979, et qu'ils m'ont posé la question sur la manière dont je concevais ce voyage, j'ai découvert, à ma honte, que la Chine était pour moi un trou noir sur la carte du monde ![9]

La visite d'État organisée seulement en octobre 1980 est surtout l'occasion pour le président de prendre la mesure du changement amorcé par Deng Xiaoping à partir de 1978. Les réformes d'inspiration libérale lancées par le nouvel homme fort du régime laissent espérer un renforcement de la coopération économique et l'ouverture du marché chinois, la France n'est alors que le 8e partenaire commercial de la Chine derrière le Japon, Hong Kong, les États-Unis, la RFA, l'Australie, le Canada et la Grande-Bretagne. Mais l'instabilité politique incite aussi à la réserve. Malgré le retour de Deng Xiaoping – écarté du pouvoir en 1976 et réhabilité l'année suivante – bien des incertitudes pèsent encore sur l'avenir de ce pays en développement. Le séjour a lieu quelques semaines avant l'ouverture à Pékin du procès de « la bande des Quatre »,

---

8 Il s'agit précisément des grottes de Yungang. Henri Froment-Meurice. Archives orales, Institut Georges Pompidou.

9 Valéry Giscard d'Estaing, *Le pouvoir et la vie. L'affrontement,* tome 2, Paris, Flammarion, 1991, p. 228.

dans lequel comparaît la veuve de Mao Zedong, Jian Qing, impliquée dans la répression des émeutes de 1976–1977. Sur le plan international, l'invasion de l'Afghanistan par les Soviétiques a renforcé l'inquiétude traditionnelle de Pékin à l'égard de l'URSS. Les dirigeants chinois sont peu enclins à discuter avec Giscard d'Estaing qui s'est rendu à Varsovie pour rencontrer Brejnev quelques mois plus tôt. Le moment le plus marquant du voyage reste l'escale touristique du président au Tibet. VGE n'entendait nullement défier le pouvoir communiste en se rendant dans ce territoire interdit d'accès depuis son annexion en 1951. Si sa demande relevait de considérations purement personnelles[10], les autorités chinoises en ont fixé rigoureusement les conditions. Alors que Giscard souhaitait se rendre sur les cimes de l'Himalaya à la fin de sa visite dans le cadre d'un séjour privé, les dirigeants communistes ont replacé Lhassa entre Pékin et Shanghai dans le programme. Le Tibet rabaissé au statut de province chinoise devenait ainsi une étape du voyage parmi d'autres. En acceptant ces modifications, VGE a, en quelque sorte, entériné le coup de force de la Chine. La visite de 48 heures se fait sans journaliste ni photographe[11], mais les envoyés spéciaux bloqués à Pékin ne manquent pas de la commenter. Relayés par les journaux télévisés, les correspondants présentent cette escale comme le signe indéniable d'une ouverture du pays sur l'extérieur et une preuve supplémentaire de la relation privilégiée sino-française[12]. À l'issue du voyage, le Quai d'Orsay se félicite de « l'influence » de la France qui peut « aider » la Chine à jouer un rôle sur la scène mondiale et relève qu'« au sein de l'Europe, la France continue à bénéficier d'une considération particulière auprès des Chinois qui n'oublient pas le geste du général de Gaulle »[13].

En février 1983, la direction Asie du Quai d'Orsay dresse un bilan moins optimiste des relations franco-chinoises. Une note préparée en vue

---

10 Le président s'y rend sans délégation, accompagné de son épouse Anne-Aymone et sa fille Jacinthe. Selon V. Giscard d'Estaing, visiter le toit du monde était un rêve de jeunesse, né de ses lectures des romans d'Alexandra David-Neel. D'après le *Canard enchaîné,* (« politique de détente » 15 octobre 1980), l'escapade à Lhassa prévoyait également une chasse au blue sheep (grand bharal ou mouton bleu, ruminant de l'Himalaya), préparée par Jean-François Deniau, alors ministre du Commerce extérieur, lors de son dernier séjour en Chine.

11 Télégramme de Claude Chayet, 16 septembre 1980, AD-Série Asie, AD/2882TOPO

12 Note de la direction Asie, 27 octobre 1980, *ibid.*

13 *Ibid.*

de la visite d'État de François Mitterrand constate que les deux pays n'ont pas eu spécialement envie de se rapprocher jusque-là :

> La Chine porte un regard froid sur le monde, dans lequel la France n'est qu'un partenaire parmi ceux qu'elle a en Europe, un pays moyen, développé, riche, mais atteint par la crise [...]. L'intérêt, la sympathie, même, qu'on porte à l'expérience socialiste française ne conduisent pas à accorder de privilège à notre pays dans le traitement des affaires. La Chine est pour nous un partenaire incertain (centrales nucléaires), voir décevant. Certains vieux thèmes de la convergence franco-chinoise perdent de leur efficacité dès lors que la Chine fait mouvement vers Moscou. Pour nous-mêmes, la Chine qui n'est ni un "Est" auquel nous soyons directement confrontés, ni un "Sud" comme les autres, entre mal dans nos schémas de pensée et nos projets. Elle est un "ailleurs" qu'il n'est pas simple de définir[14].

Il importe par conséquent pour la gauche de se démarquer. La visite d'État du premier président socialiste de la V^e^ République « sera très différente » des visites de Pompidou, « essentiellement d'une portée symbolique » et de Giscard, « banale et en grande partie touristique »[15]. Programmée du 3 au 7 mai 1983, la visite de Mitterrand marque en effet un tournant en ce sens où, pour la première fois, l'aspect « utilitaire » d'une visite est mis en avant par l'Élysée[16]. C'est à l'occasion de ce déplacement que le gouvernement français décroche son premier grand contrat en Chine. La France était en concurrence avec la Grande-Bretagne pour le projet de construction de la première centrale nucléaire dans la baie de Daya près de Shenzhen (Canton) et en obtint finalement l'exclusivité. Mais l'annonce du voyage en mars 1983 au moment où le gouvernement Mauroy engage la politique de rigueur est du plus mauvais effet. Danielle Mitterrand renonce à accompagner le président, « par solidarité avec les Français », frappés par les restrictions budgétaires[17]. Des directives

---

14 Note de la sous-direction, d'Extrême-Orient, 17 février 1983, AN-5AG 4/CD/219, dossier 1.

15 *Ibid.*

16 Interrogé sur son rôle dans les négociations, lors de sa conférence de presse à Pékin, François Mitterrand déclare : « Je pense qu'il est très utile que mes voyages puissent servir par le canal des ministres qui m'accompagnent ou des entrepreneurs à faire aboutir des contrats, des négociations au caractère économique et commercial. C'est contribuer à ma façon à améliorer le commerce extérieur de la France », journal de 20h, TF1, 5 mai 1983, INA.

17 Le protocole avait préparé un programme spécifique pour Danielle Mitterrand qui comprenait « des visites culturelles (tombeau des Ming, grande Muraille, temple Lama, temple du ciel), la visite d'un jardin d'enfants, un entretien avec les dirigeantes

sont données pour corriger les impressions négatives créées par ce 29e voyage en deux ans. Le séjour prendra « le caractère de visite de travail » et « les mesures d'austérité devront désormais se refléter dans les voyages à l'étranger »[18]. Trois visites culturelles sont par ailleurs retirées du programme et remplacées par la visite des lieux d'intérêt économique et social. Avant le voyage, une note du Centre d'Analyse et de Prévision (CAP) met cependant en garde contre « l'aspect trop mercantile » de cette visite qui risque de froisser les autorités chinoises et invite à maintenir sa dimension politique notamment au travers de déclarations claires sur le Cambodge[19]. Recommandation suivie par Mitterrand qui, dès son arrivée, lors de son premier discours prononcé au Palais du Peuple, condamne l'agression et l'occupation du Cambodge par l'armée vietnamienne[20]. Le caractère « utilitaire » de cette visite doit cependant être relativisé, les dirigeants socialistes n'ont pas en effet saisi toutes les opportunités qui s'offraient à eux sur le plan économique, notamment une aide à la reconversion de 400 000 petites et moyennes entreprises chinoises demandée par la ministre du Commerce extérieur, Chen Mu Hua, à Paris, quelques semaines avant la visite de Mitterrand[21]. Cette réserve à l'égard de la demande de Pékin est significative du regard porté sur l'Asie en ce début des années 1980, comme le souligne Alain Boublil, alors conseiller technique au Secrétariat général de la Présidence, « en 1983, sur le plan économique, notre obsession c'est le Japon, la Chine n'existe pas pour nous. La Chine c'est la Révolution culturelle, c'est Mao. Après lui, on ne sait pas »[22]. Il faudra attendre la fin des années 1990 et l'essor des ZES (Zones Économiques Spéciales) pour que les PME chinoises dont la reconversion fut financée entre-temps par les Allemands et les Britanniques, retiennent l'attention de dirigeants français.

---

de la fédération des Femmes, la visite d'un studio de cinéma, des entretiens avec des acteurs chinois, la visite de Xi'an, une promenade sur le Bund à Shanghai », AN-5AG4/CD/219 dossier 1.

18 Télégramme signé Dumont, 7 avril 1983, AN-5AG 4/CD/219, dossier 1.

19 Note du Centre d'analyse et de prévision (CAP), 25 février 1983, « Voyage Chine », AN-5AG 4/CD/219 dossier 1.

20 Journal télévisé 20 heures, Antenne 2, 4 mai 1983, INA.

21 Note de Christian Charret, conseiller technique au ministère du Commerce extérieur et du tourisme, 15 avril 1983, AN-5AG 4/EG/185.

22 Entretien avec Alain Boublil, nommé en 1981 conseiller technique au secrétariat général de la Présidence de la République, en charge de l'industrie, des transports et du logement.

Après ce voyage, Mitterrand ne retourne pas en Chine. Les événements de Tiananmen en 1989 et l'affaire des frégates de Taïwan en 1992 gèlent les relations entre Paris et Pékin. Mais l'intégration du géant asiatique dans l'économie mondialisée change rapidement la donne. Sous la pression des milieux d'affaires, le gouvernement Balladur relance le dialogue en 1994. Le changement de cap est confirmé par Jacques Chirac après sa victoire aux élections présidentielles. Fait nouveau, le président prend une part active dans le rapprochement avec Pékin. Alors qu'après Tiananmen, Mitterrand avait laissé l'initiative de la politique chinoise au gouvernement de cohabitation, son successeur lui redonne toute sa place au sein du « domaine réservé »[23]. Son engagement personnel se manifeste notamment à travers ses voyages. Les déplacements du président Chirac sont amenés, plus qu'auparavant, à jouer un rôle moteur dans la relation franco-chinoise.

## Voyages d'affaires, visites éclair

Durant son double mandat, Jacques Chirac entreprend 4 déplacements officiels en Chine dont deux visites d'État. Cette augmentation relève d'un phénomène plus général, alors que François Mitterrand a entrepris 243 voyages diplomatiques durant ses 14 années au pouvoir, son successeur en effectue 333 en 12 ans[24]. L'ouverture des frontières et l'interdépendance accrue des économies nécessitent davantage de concertations entre les États. Les rencontres multilatérales dont le nouveau président se fait par ailleurs le champion sur la scène internationale, connaissent une forte croissance. Les dirigeants français et chinois sont invités à discuter lors des sommets Europe-Asie réunissant les pays de l'ASEM dès 1996 et dans le cadre des sommets UE-Chine à partir de 1998[25]. Mais l'approche bilatérale avec les grands États reste indispensable, elle l'est notamment avec la Chine pour relancer le dialogue après des années de brouilles. Si Jacques

[23] Christoph Nesshöver, « Bonn et Paris face à Pékin 1989–1997 : vers une stratégie commune ? », in *Politique étrangère*, n° 64–1, 1999, p. 102–103.

[24] D'après les informations données par l'Institut François Mitterrand, le musée du septennat et les archives de l'Élysée, http://www.jacqueschirac-asso.fr/archives-elysee.fr

[25] Le premier sommet de l'ASEM fut initié par Jacques Chirac et Lee Kuan Yew, dirigeant de Singapour et organisé en Thaïlande en février 1996 après la visite d'État à Singapour.

Chirac manifeste ainsi son attachement au principe d'indépendance nationale et au gaullisme, il suit surtout l'exemple de l'Allemagne dont la politique chinoise a été plus payante sur le plan commercial[26]. Les dirigeants communistes sont également attachés au bilatéralisme mais pour des raisons différentes. Pékin apprécie de voir une France autonome par rapport aux États-Unis et préfère discuter avec elle seule qu'avec les 28 membres de l'UE réunis. Alors que les rencontres moins protocolaires comme les sommets bilatéraux se généralisent, les rencontres franco-chinoises prennent toujours un caractère plus honorifique. Mais huit ans après les événements de Tiananmen, le rapprochement se fait progressivement comme en témoigne le format moins solennel du voyage officiel choisi pour la première rencontre[27]. La priorité donnée aux objectifs économiques accentue aussi son aspect utilitaire. Lors de ce séjour organisé du 15 au 17 mai 1997, en pleine campagne pour les élections législatives, le chef de l'exécutif assume pleinement son rôle de président VRP en Chine. Accompagné d'une soixantaine de grands patrons, il préside à la signature de grands contrats, dont la vente de 30 Airbus et de 5 ATR (avions de transport régional) pour un montant total de 10 milliards de francs[28]. La première visite comprend néanmoins une dimension politique forte avec la signature entre Jacques Chirac et son homologue chinois, Jiang Zemin, du « partenariat stratégique global ». Cet accord, « le plus important depuis 1964 », est destiné à renforcer le dialogue et la coopération entre les deux pays, dans tous les domaines[29]. Les deux présidents s'engagent à parler de tout, sans exception, lors de rencontres régulières. Ministres, diplomates et conseillers sont invités également à se rencontrer chaque année. Considérant que le progrès économique amènera tôt ou tard la démocratie en Chine, Jacques Chirac décide, à la suite des Américains et des Allemands de faire preuve d'une plus grande modération sur la question des droits de l'homme. Le sujet sera abordé en comité restreint ou en privé[30]. Lors des visites, les

---

26 Les exportations allemandes en Chine ont doublé entre 1992 et 1994 quand celles de la France n'ont progressé que de 22 % entre 1989 et 1994 in Christoph Nesshöver, *op. cit.*, p. 99.

27 D'après le site officiel de l'Élysée, ce premier déplacement serait un voyage officiel et non une visite d'État. http://www.jacqueschirac-asso.fr/archives-elysee.fr

28 Journal FR3 édition nuit, 15 mai 1997, INA.

29 Journal de 20 heures, France 2, *op. cit.*

30 J. Chirac rapporte une longue discussion avec Jiang Zemin sur le Tibet et la question des droits de l'homme dans sa propriété privée de Bity en Corrèze où, fait rarissime,

dirigeants français transmettent discrètement des listes de dissidents dont la libération est demandée. Le procédé n'est pas entièrement nouveau, en 1983, François Mitterrand avait également communiqué une liste de noms, mais s'était refusé devant les journalistes à toute déclaration sur le sujet. Jacques Chirac affiche une position plus ambivalente, en défendant à la fois le caractère universel et une vision culturaliste des droits de l'homme. Devant les caméras, le président se déclare ainsi favorable à « un dialogue respectueux de l'histoire, des mentalités, des traditions, des rythmes, bref de l'identité de chacun »[31].

Par son caractère solennel, la visite d'État permet surtout d'entretenir l'illusion d'une relation d'égal à égal quand tous les indicateurs économiques confirment l'inversion du rapport de force. Cette mise en scène de la « parité » franco-chinoise culmine en 2004 avec le lancement des « Années croisées France-Chine » pour le quarantième anniversaire des relations entre les deux pays. Inaugurées par la visite d'État du nouveau président, Hu Jintao en janvier, suivie de celle de Jacques Chirac en octobre, les célébrations s'accompagnent d'un grand nombre de manifestations culturelles[32]. Fin connaisseur des cultures asiatiques, Jacques Chirac mesure aussi les effets positifs que sa passion personnelle peut avoir sur ses relations avec Pékin. Selon Paul Poudade, le chef du protocole, la visite improvisée par le président d'un parc dédié au célèbre poète Du Fu, de la période Tang, à Chengdu en 2004 ne serait pas étrangère à l'ouverture, quelques mois après, d'une ligne régulière Paris-Chengdu par Air France-KLM[33].

La multiplication des visites oblige néanmoins à en raccourcir la durée. À l'issue de son troisième voyage qui le conduit successivement à Chengdu, Pékin, Shanghai et Hong Kong en trois jours et demi, Jacques Chirac reconnaît la lourdeur de ces voyages-marathon :

> Nous arrivons au terme d'un périple. Je dis cela non pas que le périple n'ait pas été, en tous les cas de mon point de vue, extrêmement intéressant, mais

---

le dirigeant chinois était invité le 23 octobre 1999, in Jacques Chirac, *Le temps présidentiel*, tome 2, Nil-Éditions, Paris, 2011, p. 253–260

31 Journal de 20 heures, France 2, 16 mai 1997, INA.

32 Les années France-Chine s'étendent d'octobre 2003 à septembre 2005. Elles comprenaient deux volets, l'Année de la Chine en France et l'Année de la France en Chine.

33 Paul Poudade, *Dans l'ombre du président*, Paris, Éditions Michel Lafont, 2014, p. 226–227.

> parce qu'il a tout de même été un peu lourd, notamment pour les conditions de travail, les miennes et les vôtres, cela ne m'a pas échappé. Donc, je souhaiterais que vous en gardiez néanmoins un bon souvenir, ce qui est mon cas[34].

Pourtant, les visites d'État en Chine passent de trois jours à deux et demi à partir de Nicolas Sarkozy. En avril 2013, François Hollande effectue une visite d'État de 37 heures et une seconde de 48 heures en 2015. Leur durée de plus en plus brève devient un reproche récurrent des autorités chinoises[35]. Pour gagner du temps, les déplacements officiels en Chine sont couplés avec d'autres rendez-vous. Ainsi, le deuxième de Jacques Chirac est organisé en 2000 en marge du sommet UE-Chine qui se déroule aussi à Pékin. L'institution de rencontres plus fréquentes dans le cadre du partenariat stratégique global ne garantit pas pour autant une meilleure compréhension entre les deux pays. Aucun président de la Ve République n'est allé autant en Chine que Nicolas Sarkozy – six fois au cours du quinquennat – et jamais les relations avec Pékin n'ont été aussi mauvaises depuis 1989. Les prises de position du président contre la répression chinoise au Tibet, suivies de sa rencontre avec le Dalaï-Lama en Pologne en 2008, ont provoqué un brutal refroidissement entre les deux pays. Les autorités chinoises ont fait savoir leur mécontentement en renonçant au sommet Chine-UE, alors que la France assurait la présidence tournante de l'UE. Dès l'année suivante, Paris engage des démarches pour renouer le dialogue. Ministres, conseillers, chefs d'entreprise et deux anciens présidents (Giscard et Chirac) font le voyage pour regagner la confiance de Pékin. La diplomatie de la main tendue est perceptible aussi au travers de la seconde visite d'État de trois jours en avril 2010. Alors que la première « utilitaire » s'inscrivait dans la droite ligne du format revisité par Jacques Chirac avec un nouveau record de contrats pour 20 milliards d'euros, la seconde innove avec un programme essentiellement culturel et aucune signature de gros contrats en vue. Le président « pressé » ralentit le pas et consacre son séjour à la (re)découverte du patrimoine culturel chinois. Au programme, la visite des grands sites touristiques – le mausolée de l'empereur Qin et son armée enterrée à Xi'an, la Grande

---

[34] Conférence de presse de Jacques Chirac à Hong Kong, 12 octobre 2004, http://www.jacqueschirac-asso.fr

[35] Le reproche a été adressé dernièrement lors de la deuxième visite d'Emmanuel Macron en novembre 2019. https://www.franceinter.fr/monde/visite-d-emmanuel-macron-en-chine-un-voyage-trop-court

Muraille de Chine, la Cité interdite – et l'inauguration de l'Exposition universelle à Shanghai. Le tout en compagnie de son épouse Carla Bruni. La présence de la « première Dame » apporte une touche glamour à ces retrouvailles franco-chinoises et permet de tourner plus en douceur la page de l'épisode tibétain. Renouer le dialogue avec Pékin est nécessaire aux niveaux bilatéral et multilatéral. Nicolas Sarkozy doit assurer en effet la présidence du G20 en novembre et aucun des grands dossiers qu'il souhaite défendre, comme la refonte du système monétaire international, ne pourra l'être sans l'appui des Chinois[36]. Alors qu'il fait route vers la Nouvelle-Calédonie, le président organise une dernière visite éclair de cinq heures à Pékin le 26 août 2011 pour s'assurer du soutien de son homologue chinois, Hu Jintao, en vue de l'ouverture prochaine du G20 à Cannes.

François Hollande effectue deux visites d'État durant son mandat. La première a pour priorité la relance de la coopération économique et le rééquilibrage des échanges alors que la balance commerciale française accuse un déficit de 26 milliards d'euros avec le géant asiatique. Au-delà des intérêts commerciaux, la Chine est devenue un interlocuteur incontournable pour traiter les grands problèmes planétaires. Le réchauffement climatique est l'objet de la seconde visite en novembre 2015, F. Hollande retourne à Pékin pour convaincre le premier pollueur de la planète de signer l'accord global sur le climat en vue de la Cop 21. À l'occasion de cette visite, le président socialiste reconnaît, pour la première fois devant les caméras, la supériorité économique de la Chine mais défend l'idée de la parité des deux pays en tant qu'acteurs de la scène internationale[37]. Le président socialiste ne se rend pas autant en Chine que son prédécesseur, mais l'intensification des contacts se poursuit au niveau interministériel. Laurent Fabius, ministre des Affaires étrangères, entreprend pas moins de douze voyages entre juillet 2012 et novembre 2015. Il annonce également un renforcement des effectifs de l'ambassade de France en Chine pour laquelle le chef du Quai d'Orsay a prévu qu'ils

---

36 https://www.lemonde.fr/asie-pacifique/article/2010/04/27/nicolas-sarkozy-en-visite-d-État-en-chine-pour-confirmer-la-reconciliation-entre-paris-et-pekin_1343249_3216.html

37 http://www.francetvinfo.fr/monde/asie/video-hollande-en-chine-avec-deux-priorites-l-economie-et-la-relation-politique_311119.html

dépasseraient en 2017 ceux de l'ambassade à Washington (410 agents en 2013), la plus importante du réseau diplomatique français[38].

Quel bilan peut-on dresser de ces rencontres au plus haut niveau de l'État ? Les échanges commerciaux entre les deux pays se sont intensifiés, la France est le deuxième fournisseur européen de la Chine mais elle arrive loin derrière l'Allemagne et le déficit commercial continue de se creuser, atteignant 29 milliards d'euros en 2018[39]. Si les hommages appuyés de la Chine à Jacques Chirac lors de sa disparition en 2019 rappellent l'élan de sympathie que le président a suscité durant ses deux mandats, la personnalité du chef de l'État et ses relations avec les dirigeants communistes n'ont pas suffi à infléchir les positions de Pékin. Qu'il s'agisse du rééquilibrage des investissements ou de la question des droits de l'homme, les autorités chinoises continuent d'ignorer les demandes françaises et européennes. La visite d'État comme moment privilégié de rencontre et de dialogue montre ainsi ses limites face à une Chine en position de force et rétive à tout changement. Cette impasse a conduit Emmanuel Macron à apporter quelques modifications pour sa seconde visite d'État. En novembre 2019, le président est retourné en Chine avec une délégation pour le moins inhabituelle, il avait à ses côtés, Anja Karliczek, la ministre allemande de l'Éducation et de la Recherche, Phil Hogan, Commissaire européen à l'Agriculture et au Développement rural, nommé ensuite Commissaire européen au Commerce et une vingtaine de chefs d'entreprise allemands. Face à la Chine de Xi Jinping, la France met en avant la solidarité européenne. La visite d'État prend ainsi une forme hybride, bilatérale et multilatérale. L'association étroite des deux niveaux de discussion au sein de la même rencontre souligne l'impossibilité pour la France à agir seule face à la Chine, mais cette nouvelle formule permet aussi au président de maintenir sa visibilité sur la scène internationale. Le chef de l'exécutif garde en effet sa prééminence sur ses partenaires européens puisqu'il s'agit d'une visite d'État, tout en bénéficiant de leur appui. Il peut ainsi s'exprimer au nom de son pays et de l'Europe et continuer à faire entendre la voix singulière de la France, plus audible dans le cadre de ces rencontres que dans les enceintes multilatérales.

---

[38] Christian Lequesne, *Ethnographie du Quai d'Orsay. Les pratiques des diplomates français*, Paris, CNRS Éditions, p. 94.

[39] La France détient 1,5 % de parts de marché en Chine et l'Allemagne 5 %. https://www.tresor.economie.gouv.fr/Articles/16671c85-d180-452d-8078-ae555409b06e/files/750f4203-2af0-4cca-a1f3-34256e36c1cf

# Abe's on the road, Japan is Back. Le tour du monde diplomatique du Premier ministre japonais

Arnaud Grivaud

*Université de Paris*

## Introduction

Dès son retour au pouvoir en décembre 2012, le Premier ministre Abe Shinzō multiplia les déclarations soulignant ses intentions d'accroître la présence japonaise sur la scène internationale durant son mandat. Son discours intitulé « *Japan is Back* » et prononcé le 22 février 2013 durant sa première visite bilatérale aux États-Unis, au Center for Strategic & International Studies, en est sûrement l'exemple le plus représentatif[1]. S'il y était question d'un « retour du Japon », c'est que sa présence sur l'échiquier mondial souffrait depuis deux décennies d'un certain manque de visibilité, pour un pays qui possédait la deuxième – puis troisième – économie mondiale. Certes, bien que sa réussite économique durant la seconde moitié du XX<sup>e</sup> siècle ait suscité admiration[2] et inquiétude[3] de la part des puissances occidentales, l'aura du Japon sur un plan géopolitique

1 Accessible sur le site du ministère des Affaires étrangères japonais : https://www.mofa.go.jp/announce/pm/abe/us_20130222en.html (consulté le 21 mai 2021). Ce discours a été conçu comme une réponse au rapport publié en août 2012 sur la coalition nippo-américaine et rédigé entre autres par Richard. L. Armitage et Joseph S. Nye. Le Japon y est invité à décider s'il compte demeurer une puissance de premier ordre (*tier-one nation*) aux côtés des États-Unis ou se laisser devenir une puissance de seconde zone (*tier-two status*) https://csis-website-prod.s3.amazonaws.com/s3fs-public/legacy_files/files/publication/120810_Armitage_USJapanAlliance_Web.pdf (consulté le 21 mai 2021).

2 Erza F. Vogel, *Japan as Number One: Lessons for America*, Cambridge, Harvard University Press, 1979, 272 p.

3 Chamlers Johnson, *MITI and the Japanese Miracle: The Growth of Industrial Policy, 1925–1975*, Stanford, Stanford University Press, 1982.

était restée assez limitée. Néanmoins, au début du XXIe siècle, l'économie japonaise avait perdu de sa superbe et la reconfiguration des équilibres mondiaux (fin de la Guerre froide) et régionaux (montée en puissance de la Chine, tensions avec la Corée du Nord) avait contribué à fragiliser davantage la position du Japon à l'international. Plus immédiatement, il s'agissait pour le Premier ministre de pointer du doigt la politique extérieure menée de 2009 à 2012 par le Parti démocrate du Japon et de tenter d'estomper l'image d'un pays mis à genoux par la triple catastrophe du 11 mars 2011.

La faiblesse institutionnelle des premiers ministres japonais pouvait expliquer également la relative passivité dont ils faisaient preuve en matière diplomatique durant la Guerre froide, suivant pour l'essentiel les orientations fixées par les agents du ministère des Affaires étrangères. Mais à partir du milieu des années 1990, plusieurs réformes institutionnelles virent le jour pour permettre notamment au Premier ministre de peser davantage sur le processus décisionnel, et ainsi la politique extérieure. Tous les premiers ministres ne parvinrent pas nécessairement à en tirer profit, mais les nouveaux outils et organes introduits par ces réformes permirent d'accroître largement la capacité du chef du gouvernement japonais à impacter les décisions. Le Premier ministre Koizumi Jun.ichirō (2001–2006) fut le premier à s'en saisir pour imposer son *leadership* et déterminer la ligne diplomatique du pays[4]. En revenant au pouvoir après un premier mandat infructueux (2006–2007) où il avait déjà tenté d'imposer ses vues en matière de sécurité et de diplomatie, Abe Shinzō introduisit de nouvelles réformes institutionnelles (parmi lesquelles la création d'un National Security Council en 2013), renforçant davantage sa capacité à façonner la politique extérieure du Japon[5].

Le volontarisme dont le Premier ministre Abe fit preuve en matière diplomatique s'est également traduit par le rythme exceptionnellement élevé des visites officielles réalisées durant son mandat. Mais outre cette évolution d'ordre quantitatif, l'on a pu constater une utilisation bien plus stratégique de ces visites diplomatiques, qui avaient parfois été réduites

---

4 Tomohito Shinoda, *Koizumi Diplomacy: Japan's Kantei Approach to Foreign and Defense Affairs*, Seattle, University of Washington Press, 2007.

5 Giulio Pugliese, Alessio Patalano, « Diplomatic and security practice under Abe Shinzō: the case for Realpolitik Japan », *Australian Journal of International Affairs*, vol. 74, n° 6, juin 2020, p. 615–632.

par le passé à de simples cérémonies protocolaires. Il s'agira donc dans cette contribution d'expliquer les changements survenus à ce niveau et d'en préciser le sens et la portée.

## Le volontarisme du Premier ministre Abe en matière de visites diplomatiques

### *Un nombre record de visites diplomatiques…*

Durant les sept années de son mandat, le Premier ministre Abe effectua 81 voyages diplomatiques, au cours desquels il réalisa 176 visites diplomatiques (dans 80 pays différents). Le fait que M. Abe est le Premier ministre japonais avec la plus grande longévité depuis 1890 (2822 jours entre 2012 et 2020) ne saurait expliquer à lui seul ce palmarès, qui fut par ailleurs largement mis en scène et érigé en élément de communication personnelle[6]. En effet, en moins de deux ans, il avait déjà dépassé le record que le Premier ministre Koizumi Jun.ichirō avait établi en cinq ans, qui était de 51 voyages diplomatiques (pour 81 visites)[7]. Avant la survenue de la COVID-19, cela représentait en moyenne un voyage diplomatique par mois pour M. Abe (de trois ou quatre jours en moyenne).

Faisant la promotion d'une « diplomatie qui adopte une perspective panoramique sur le monde »[8] (*chikyūgi o fukan suru gaikō*), le Premier ministre et certains de ses ministres des Affaires étrangères multiplièrent ainsi les destinations, y effectuant parfois la première visite d'un membre du gouvernement japonais (Islande, Arménie, Géorgie, Mozambique,

---

6 Voir par exemple cette page du site officiel de la résidence du Premier ministre (*Kantei*) qui permet de retracer tous les déplacements du chef du gouvernement à l'étranger, grâce à un globe terrestre, dont on nous explique qu'il a fait près de 40 fois le tour en distance cumulée : https://www.kantei.go.jp/jp/feature/gaikou/index.html (consulté le 21 mai 2021).

7 Masato Kamikubo, « *Nihon no shushō kantei shudō taiseika no seisaku ritsuan katei to higashi ajia kyōryoku seisaku no tenkan* (Le processus décisionnel dans le système politique japonais dominé par le Premier ministre et le revirement de la politique de coopération en Asie orientale) », *Working Paper*, octobre 2008, p. 1. Accessible à : http://www.waseda-giari.jp/sysimg/imgs/wp2008-J-3.pdf (consulté le 24 mai 2021).

8 Cette formule est devenue un véritable slogan du gouvernement Abe, repris par exemple dans les livres blancs du MOFA : https://www.mofa.go.jp/mofaj/gaiko/bluebook/2016/pdf/pdfs/2_1.pdf (consulté le 25 mai 2021).

Équateur, etc.), ou du moins la première depuis de nombreuses années. Ce tour du monde diplomatique valut parfois au Premier ministre, mais aussi à son ministre des Affaires étrangères Kōno Tarō (2017–2019), d'être moqués par ceux qui n'y voyaient là qu'une vaine « course au tampon » (*stamp rally*) sur leur passeport[9]. Quoi qu'il en soit, pour le gouvernement, cette « diplomatie de la présence »[10] s'inscrivait dans une véritable course à l'occupation du terrain. Dans un entretien à la presse, Kōno Tarō – qui passa en moyenne près d'un jour sur trois à l'étranger durant son mandat – regrettait ainsi que de 2012 à 2017, alors que ses prédécesseurs n'avaient réalisé que 97 visites, leurs homologues chinois en avait effectuées 262, soit trois fois plus. Il soulignait alors le besoin vital pour le Japon de compenser sa faiblesse militaire relative et la relative baisse de ses aides publiques au développement, par un renforcement de sa présence diplomatique[11].

## ... en dépit de contraintes institutionnelles et symboliques

Si en général, les premiers ministres et ministres des Affaires étrangères japonais n'étaient, comparativement à leurs homologues étrangers, pas très actifs en matière de visites diplomatiques[12], c'est aussi – mais pas seulement – parce que d'importantes contraintes institutionnelles pèsent sur leur agenda. En effet, l'article 63 de la Constitution et l'article 71 de la loi organique relative à la Diète (le Parlement japonais) disposent que sur demande des parlementaires – généralement de l'opposition – un membre du gouvernement peut voir sa présence exigée à la Diète pour

---

9 La formule est celle d'un membre de l'opposition à la Chambre haute dans une question écrite adressée le 4 octobre 2019 à Kōno Tarō : https://www.sangiin.go.jp/japanese/joho1/kousei/syuisyo/200/syuh/s200004.htm (consulté le 25 mai 2021).

10 Pour reprendre le titre de l'ouvrage publié en 1918 par Anatole de Monzie, qui y prônait l'établissement d'une ambassade française au Saint-Siège, avec lequel les relations diplomatiques étaient rompues depuis 1904. Anatole de Monzie, *Rome sans Canossa ou la diplomatie de la présence*, Paris, Albin Michel, 1918.

11 Hiroshi Takashima, « Mikka ni ichinichi wa, kaigai ni ita… "Kōno gaikō" no hyōka wa (Il était un jour sur trois à l'étranger. Quel bilan de la "diplomatie Kōno") », *NHK Magazine*, 25 septembre 2019. Accessible ici : https://www.nhk.or.jp/politics/articles/feature/23124.html (consulté le 31 mai 2021).

12 D'après Kōno Tarō, depuis 1890, 89 ministres des Affaires étrangères japonais n'ont visité aucun pays. *Ibid.*

répondre à une question[13]. Dans les faits, les premiers ministres japonais y siègent en moyenne entre 80 et 120 jours par an depuis les années 2000, quand dans les principaux pays européens, il ne s'agit que d'une dizaine à une trentaine de jours[14]. L'assouplissement de cette exigence de présence des membres du gouvernement aux débats parlementaires fait ainsi partie, depuis trente ans, des propositions de réforme de la Diète qui viserait à « rationnaliser » le travail parlementaire. Jusqu'ici, les membres de l'opposition ont toujours fait barrage à une telle modification, qui selon eux, reviendrait à les priver d'un des rares outils de contrôle de l'exécutif et de mise en question de la responsabilité des membres du gouvernement.

Ainsi, le 6 juillet 2018, alors qu'il était en visite diplomatique, le ministre des Affaires étrangères Kōno Tarō dut rentrer en vol *charter* pour assister à une séance de la Diète. Il avait pourtant demandé à en être dispensé, mais les parlementaires de l'opposition avaient insisté pour qu'il soit présent. Le ministre s'était ensuite plaint de n'avoir dû répondre qu'à deux questions qui lui avaient été adressées, ce qui représentait « plusieurs dizaines de millions de yen dépensés par question ». L'opposition s'était offusquée de cette remarque qui traduisait selon elle un mépris de l'organe législatif[15]. Outre l'aspect purement institutionnel de la contrainte, c'est également sa dimension symbolique qui a pu dissuader les chefs de gouvernement japonais d'accorder une place plus importante aux voyages diplomatiques dans leur agenda. Si les remarques saluant l'investissement personnel de M. Abe dans la diplomatie ont été nombreuses, il n'était pas rare non plus que des critiques considèrent qu'il s'agissait pour lui de fuir les problèmes qu'il rencontrait au Japon – parmi lesquels plusieurs scandales – et de redorer son aura d'homme d'État au passage.

---

13 Les questions posées à l'oral à la Diète sont en réalité rédigées et adressées la veille au gouvernement.

14 Masahiro Musashi, « Kokkai shingi no kōritsusei to daihyōsei: kokka shingi o dono yō ni kaeru beki ka (L'efficacité et la représentativité des débats parlementaires : comment les faire évoluer ?) », *hokudai hōgaku ronshū*, vol. 66, n° 5, janvier 2016, p. 323.

15 « Shushōra gaiyū "kokkai keishi" yatō ga hihan (Le Premier ministre et son gouvernement méprise la Diète. Critiques de la part de l'opposition) », *Akahata*, 7 juillet 2018. https://www.jcp.or.jp/akahata/aik18/2018-07-07/2018070702_08_1.html (consulté le 1er juin 2021).

### Une augmentation du budget alloué aux visites diplomatiques

Avec l'augmentation importante du nombre de visites diplomatiques réalisées par le Premier ministre, la question de l'accroissement du budget alloué à ces voyages fit également l'objet de débats à la Diète. Plusieurs questions écrites de l'opposition, mais aussi de la majorité, portant sur les frais générés par ces visites furent adressées au Premier ministre[16]. Selon nos recherches, cette problématique n'avait été abordée que très rarement par le passé[17]. D'après les réponses qui y furent apportées, entre décembre 2012 et mai 2017, 87 milliards de yen avaient été dépensés (670 millions d'euros[18]), dont la moitié pour le transport. Cela constituait une assez nette augmentation par rapport aux dépenses réalisées du temps de ses prédécesseurs. Si l'on s'en tient au budget demandé pour le transport, le logement et les repas du Premier ministre et de ses proches conseillers (entre 16 et 18 personnes), celui-ci évoluait entre 330 et 430 millions de yen par an entre 2006 et 2012 (2,5 et 3,3 millions d'euros). Pour 2013, la demande de budget d'un montant de 340 millions de yen avait été réalisée avant le retour de M. Abe au pouvoir, or les dépenses effectives s'élevèrent à 664 millions de yen cette année (5,1 millions d'euros). Ce budget continua d'augmenter pour atteindre 1,19 milliards de yen en 2019 (9,1 millions d'euros)[19].

De même, alors que le budget du ministère des Affaires étrangères alloué aux visites diplomatiques de son ministre était de 630 millions de yen (4,8 millions d'euros) en 2019 – montant assez conséquent qui reflétait son dynamisme en la matière –, la demande émise pour l'année

---

16 Question écrite adressée le 31 janvier 2014 au Premier ministre par la parlementaire de la majorité Suzuki Takako : https://www.shugiin.go.jp/internet/itdb_shitsumon.nsf/html/shitsumon/a186021.htm ; Question écrite adressée le 20 mai 2016 au Premier ministre par le parlementaire de l'opposition Isaka Nobuhiko : https://www.shugiin.go.jp/internet/itdb_shitsumon.nsf/html/shitsumon/a190282.htm (consulté le 22 mai 2021).

17 Une question écrite a été adressée le 4 octobre 2004 au Premier ministre Koizumi Jun.ichirō par le parlementaire démocrate Uchiyama Akira : https://www.shugiin.go.jp/internet/itdb_shitsumon.nsf/html/shitsumon/a165043.htm (consulté le 1er juin 2021).

18 Toutes les conversions dans cette contribution sont faites au taux de change 1 euro = 130 yen.

19 Budget 2012 : https://www.cas.go.jp/jp/yosan/pdf/24_02.pdf) ; budget 2019 : https://www.cas.go.jp/jp/yosan/pdf/h31_03.pdf) (consultés le 1er juin 2021).

fiscale 2020 était d'un milliard de yen (7,7 millions d'euros). Kōno Tarō, dont le temps passé dans les déplacements représentait 1440 heures, exprima également le souhait qu'un nouvel avion attitré au ministre des Affaires étrangères soit acquis. Il s'agissait en premier lieu d'éviter que lui et ses conseillers soient excessivement contraints par le calendrier des liaisons régulières des compagnies aériennes, mais aussi de ne plus avoir recours aux très coûteux vols *charters* affrétés spécialement, comme cela avait été le cas à douze reprises entre 2013 et 2019[20]. Cette demande demeura lettre morte, mais en revanche, en 2019, les deux Boeing 747 du gouvernement qui avaient été acquis en 1991 (les premiers avions officiels du gouvernement japonais) furent remplacés par deux Boeing 777.

Les dépenses réalisées dans le cadre des voyages diplomatiques sont en principe assez strictement encadrées par la loi n° 114 de 1950, qui prévoit par exemple qu'un *per diem* de 13 100 yen par jour (100 euros) est alloué au Premier ministre, qu'une nuit d'hôtel ne peut dépasser 40 100 yen (310 euros) et un repas 10 100 yen (80 euros) par nuit. Dans les faits, il existe plusieurs exceptions qui permettent de déroger à ces montants, comme le fait que le logement du Premier ministre doit souvent servir d'autres fonctions que le simple coucher. Au-delà du caractère symbolique – d'aucuns diraient anecdotique – de la thématique du train de vie de l'État et de ses représentants, il est intéressant de constater que plusieurs critiques venaient poser la question de l'évaluation des visites diplomatiques selon des critères de « coût-performance », à l'instar de toutes les politiques publiques menées au Japon depuis les années 2000. L'on peut certes être sceptique quant à l'opportunité d'apprécier ainsi l'impact des voyages diplomatiques – ou de toute autre politique dont on attend des résultats difficilement quantifiables –, mais cela semble néanmoins indiquer que les visites officielles du Premier ministre sont également perçues par l'opposition comme faisant partie intégrante des politiques publiques du pays, susceptibles de débats, et non comme de simples cérémonies protocolaires.

---

20 Les dépenses pour les vols *charters* avaient triplé entre 2015 et 2017 passant de 31 à 95 millions de yen (240 000 euros). « Kōno mae gaisō no gaikoku shucchō nobe 123 no kuni to chiiki (Les voyages diplomatiques du précédent ministre des Affaires étrangères Kōno. 123 visites de pays et de régions du monde), *NHK Magazine*, 15 octobre 2019. Accessible ici : https://www.nhk.or.jp/politics/articles/statement/24376.html (consulté le 31 mai 2021).

## Une utilisation plus stratégique des visites diplomatiques

### *La multiplication des visites bilatérales*

Les visites diplomatiques sous le gouvernement Abe ont été réalisées à chaque fois avec des objectifs précis – qu'ils aient été accomplis ou non –, s'insérant dans une stratégie diplomatique proactive, qui dépassait la simple volonté de préserver un *statu quo* et des bonnes relations avec les partenaires habituels du Japon.

Cela ne signifie pas pour autant que le Japon se soit éloigné de sa ligne diplomatique qui cherche à faire de l'archipel le champion asiatique du multilatéralisme. Bien au contraire, après l'annonce du retrait des États-Unis sous la présidence Trump, il joua un rôle non négligeable dans la relance des négociations relatives à l'accord de partenariat transpacifique, qui fut finalement signé par onze États le 8 mars 2018. Quelques mois plus tard, c'est l'accord de libre-échange entre le Japon et l'Union européenne (JEFTA) qui fut signé. Le Premier ministre se rendit également chaque année aux sommets des pays de l'ASEAN (Association des nations de l'Asie du Sud-Est), de l'APEC (Coopération économique pour l'Asie-Pacifique) et au Forum économique oriental créé en 2015 par la Russie. Il assista à tous les sommets du G7, G8 et G20, ainsi qu'à tous les sommets des chefs d'États de l'ASEM (Dialogue Asie-Europe) tenus sur la période de son mandat. Néanmoins, le nombre conséquent de visites bilatérales réalisées en plus – et parfois à l'occasion – de ces sommets, traduit la volonté du Premier ministre d'approfondir les relations avec certaines puissances et de pallier les limites du multilatéralisme.

D'octobre 2006 à décembre 2012, 40 visites bilatérales avaient été effectuées au cours de 25 voyages diplomatiques (dont 17 visites lors de six voyages par Abe lors de son premier mandat d'octobre 2006 à septembre 2007). Si l'on étudie de plus près ces 40 visites réalisées en six ans, l'on constate que 19 d'entre-elles avaient été effectuées en Corée du Sud (cinq), en Chine (cinq), aux États-Unis (quatre), en Inde (trois) ou en Russie (deux). Les six premiers ministres japonais qui s'étaient succédé sur cette période n'avaient en définitive visité que 23 pays différents, se concentrant essentiellement sur les pays dits stratégiques pour le Japon. Sur une période équivalente allant de janvier 2013 à juin 2019, le Premier ministre Abe avait effectué 121 visites bilatérales (le triple) au cours de 50 voyages diplomatiques (le double), ce qui représentait 75 pays différents (plus du triple). Cette grande variété dans les pays visités dénote le souhait affirmé du gouvernement japonais de multiplier et de diversifier ses partenariats stratégiques, qu'il s'agisse du volet économique ou du volet sécuritaire.

## *La diversification des partenariats stratégiques*

Au-delà des sommets annuels, M. Abe avait souhaité renforcer davantage les relations entre le Japon et les pays de l'ASEAN, qui sont depuis plusieurs décennies perçues comme des alliés indispensables pour tenter de contenir la montée en puissance chinoise. Ainsi, le Vietnam, la Thaïlande et l'Indonésie furent les premiers pays dans lesquels M. Abe se rendit pour des visites bilatérales lors d'un voyage diplomatique en janvier 2013. En 2014, soit moins de deux ans après son élection, le Premier ministre Abe avait effectué au moins une visite bilatérale dans neuf des dix pays de l'ASEAN, à l'exception du Brunei dans lequel se tenait le sommet de 2013.

Il se rendit également bien plus que ses prédécesseurs dans des régions jusqu'alors relativement délaissées (à moins qu'un sommet ne s'y tienne), telles que l'Amérique latine, l'Afrique ou encore le Moyen-Orient. Il visita par exemple à deux reprises Israël et la Palestine, effectua quatre voyages diplomatiques dans le golfe Persique, etc. Il y eut trois visites bilatérales en Arabie Saoudite, mais celle qui a le plus marqué les esprits est assurément la visite en Iran en juin 2019 (la première depuis 41 ans), à l'occasion du 90ème anniversaire des relations diplomatiques entre les deux pays[21]. Le gouvernement japonais avait alors déclaré vouloir mettre à profit les relations historiquement bonnes qu'il avait avec l'Iran pour tenter notamment d'apaiser les tensions avec les États-Unis et certains autres pays du Moyen-Orient. M. Abe avait espéré ainsi jouer un rôle de médiateur – chose assez rare pour un Premier ministre japonais –, conformément au concept clé de sa politique extérieure : le pacifisme proactif (*sekkyokuteki heiwashugi*). Néanmoins, les effets de cette visite sur ce point furent assez limités et les tensions redoublèrent suite à l'explosion d'un tanker iranien au large de l'Arabie Saoudite quelques mois plus tard.

---

[21] Résumé en anglais et photos de sa rencontre sur le site du ministère des Affaires étrangères japonais : https://www.mofa.go.jp/me_a/me2/ir/page3e_001028.html (consulté le 28/05/2021).

Enfin, bien qu'il ne s'agisse pas à proprement parler de nouveaux partenariats, M. Abe a cherché très activement à approfondir la relation du Japon avec l'Inde, ainsi qu'avec l'Australie, sur les volets commercial et sécuritaire. Cela s'inscrivait dans le cadre de sa stratégie dite de l'espace « Indo-pacifique libre et ouvert » (*Free and Open Indo-Pacific Strategy*), élaborée par son gouvernement et les agents du ministère des Affaires étrangères, qu'il présenta lors de la TICAD VI à Nairobi en 2016. Cette stratégie rappelait fortement le concept d'« Arc pour la liberté et la prospérité » (*Arc of Freedom and Prosperity*) qu'il souhaitait développer lors de son premier mandat (2006 et 2007), avec les partenaires européens et asiatiques qui portaient les mêmes valeurs relatives à la démocratie, le respect du droit international et des droits humains, l'économie de marché, etc.[22]. Ces initiatives s'insèrent dans ce que le gouvernement japonais qualifie de « diplomatie des valeurs » (*kachikan gaikō*). De retour au pouvoir, M. Abe avait prôné en décembre 2012 l'instauration d'un « diamant de sécurité » (*Security Diamond*) entre l'Australie, l'Inde, le Japon et les États-Unis[23]. Au cours de son mandat, il effectua trois visites bilatérales en Australie et en Inde et rencontra à de multiples occasions leurs dirigeants, avec lesquels il entretenait des relations parfois présentées comme « amicales » (notamment avec Tony Abbott, Scott Morrison et Narendra Modi). Parmi les divers points abordés, la conclusion d'accords de coopérations économique et sécuritaire occupait une part importante des discussions (accord de transfert d'équipements et de technologies militaires avec l'Australie en 2014, ouverture des exportations de centrales nucléaires japonaises vers l'Inde en 2017, etc.)[24]. Outre ces accords, ces visites furent l'occasion pour M. Abe de jouer un rôle qui avait été assez rarement vu chez les premiers ministres japonais : celui de faire la promotion d'entreprises japonaises dans le cadre de marchés publics. C'est ainsi qu'en 2015 le train à grande vitesse japonais (*shinkansen*) fut

---

22 Céline Pajon, « Japon : la diplomatie proactive de Shinzo Abe. Tokyo, entre Pékin et Washington », *in* Thierry de Montbrial, Dominique David, *La guerre de l'information aura-t-elle lieu ?*, Paris, Institut français des relations internationales, coll. « Ramses », 2017, p. 228–229.

23 Céline Pajon, « Le Japon face à la crise. Priorité à la dissuasion et politique de contrepoids », *in* Thierry de Montbrial *et al.*, *Le défi des émergents*, Paris, Institut français des relations internationales, coll. « Ramses », 2014, p. 115–116.

24 En 2014, le Japon a levé l'interdiction qu'il imposait à ses entreprises sur l'exportation d'armement et a fondé en 2015 une agence responsable de l'acquisition d'équipement de défense.

par exemple adopté pour relier les villes d'Ahmedabad et de Bombay. Le Japon ne parvint néanmoins pas à vendre ses sous-marins de classe *Sōryū* aux Australiens, qui préférèrent la proposition française en 2016.

Quel que soit le résultat, le Premier ministre Abe fut à de nombreuses reprises accompagné d'entreprises et de représentants de syndicats patronaux lors de ses visites bilatérales. Suite à une question posée le 10 mai 2016 à la Diète par le parlementaire communiste Inoue Satoshi, le ministre des Affaires étrangères Kishida Fumio avait ainsi expliqué que depuis décembre 2012, le Premier ministre avait été accompagné par 599 entreprises (soit 1968 personnes) lors de ses voyages diplomatiques. À l'instar de l'autre parlementaire communiste Sasaki Kenshō qui s'était déjà exprimé sur le sujet deux ans plus tôt, M. Inoue mettait en cause cette mobilisation de la puissance publique pour servir des intérêts privés et s'interrogeait sur l'opportunité pour un chef de gouvernement d'endosser ce rôle de VRP (*toppu sērusu*), *a fortiori* lorsqu'il était question de contrats liés à l'armement ou à des centrales nucléaires[25].

## *Le renforcement de la relation nippo-américaine et la « diplomatie personnelle » d'Abe Shinzō*

Cette diversification des partenariats ne se fit néanmoins pas au détriment, mais bien en plus, du renforcement des relations les plus stratégiques pour le Japon. La consolidation de l'alliance nippo-américaine constituait évidemment l'une des plus grandes priorités auxquelles M. Abe a travaillé. Bien que n'étant en rien nouvelle, l'idée qu'il était urgent pour le Japon de rééquilibrer sa relation avec les États-Unis semblait gagner du terrain de part et d'autre du Pacifique. Cela supposait notamment une participation plus active au maintien de la sécurité en Extrême-Orient, pour soulager son allié qui opérait sous l'administration Obama son « pivot vers l'Asie ». Le Premier ministre Abe, tout acquis à cette vision des choses qui coïncidait avec sa volonté de développer les capacités militaires du Japon tout en modifiant le cadre normatif dans lequel elles s'inscrivaient (révision, ou du moins réinterprétation de la Constitution), multiplia les gestes pour s'assurer que l'engagement des États-Unis dans le maintien de la sécurité régionale reste effectif. Dans un entretien donné

---

[25] Minutes parlementaires de la séance du 10 mai 2016 de la commission relative à la diplomatie et la défense de la Chambre des conseillers : https://kokkai.ndl.go.jp/#/detail?minId=119013950X01620160510 (consulté le 31 mai 2021).

pour la revue *Gaikō* (Diplomatie) en 2020, le Premier ministre expliqua qu'il avait immédiatement cherché à rétablir la relation de confiance entre les deux pays qui, selon lui, avait été mise à mal par le passage du Parti démocrate japonais au pouvoir (notamment à cause du dossier de la relocalisation des bases américaines à Okinawa)[26]. Il avait ainsi décidé d'y effectuer une visite diplomatique au plus vite après son élection, ce qui fut le cas deux mois plus tard (le deuxième voyage diplomatique de son nouveau mandat). De 2012 à 2020, il réalisa huit visites bilatérales aux États-Unis, auxquelles l'on doit ajouter les sept voyages effectués pour assister aux sessions annuelles de l'Assemblée générale des Nations-Unies à New York, le voyage effectué pour le sommet mondial sur la sécurité nucléaire à Washington en avril 2016 et la visite qu'il avait rendue en novembre de la même année à Donald Trump avant son investiture, en profitant de son passage au Pérou pour le sommet de l'APEC ; soit un total de 17 visites.

Le Premier ministre s'était d'ailleurs vu accorder l'occasion inédite de s'exprimer en mai 2015 devant les deux chambres du Congrès réunies, signe de grande solidité de la relation entre les deux États[27]. M. Abe fut de plus globalement crédité pour avoir su entretenir une très bonne relation avec Donald Trump, alors même que ce dernier avait multiplié les attaques à l'égard du Japon durant sa campagne électorale, reprenant largement l'idée selon laquelle l'archipel serait un « passager clandestin » (*free rider*) ne contribuant pas suffisamment à l'effort sécuritaire en Asie. C'est d'ailleurs pour cette raison que le Premier ministre avait, comme l'évoque son entretien à la revue *Gaikō* mentionné ci-dessus, insisté pour le rencontrer de manière informelle lors de sa visite annuelle à la session de l'Assemblée générale des Nations-Unies en septembre 2016[28]. Il était

---

[26] Akihiko Tanaka, Shinzō Abe « Abe gaikō 7 nen 8 kagetsu o kataru (jō) Nihon fukkatsu no ishizue to natta nichibei dōmei saikyōka (Le récit des 7 ans et 8 mois de la diplomatie d'Abe (1). Le renforcement de l'alliance nippo-américaine comme pierre angulaire du renouveau nippon) », *Gaikō*, vol. 64, nov/déc. 2020, p. 9. Accessible à : http://www.gaiko-web.jp/test/wp-content/uploads/2020/11/Vol64_p6-15_Special-Interview.pdf (consulté le 27/05/2021).

[27] Céline Pajon, « Un Japon normalisé dans une alliance renforcée. Tokyo entre Washington et Pékin », *in* Thierry de Montbrial *et al.*, *Climat : une nouvelle chance ?*, Paris, Institut français des relations internationales, coll. « Ramses », 2015, p. 267.

[28] Akihiko Tanaka, Shinzō Abe, *op. cit.*, p. 10–11.

prévu qu'il rencontre Hillary Clinton le 19 septembre[29], expliquant que le ministère des Affaires étrangères japonais était affirmatif sur le fait qu'elle serait la prochaine présidente. Il n'avait finalement pu rencontrer que Wilbur Ross, ami et futur secrétaire au Commerce de Donald Trump durant tout son mandat[30]. Mais au-delà de cet épisode, c'est bien la capacité du Premier ministre japonais à développer une véritable « diplomatie personnelle » vis-à-vis de M. Trump, en s'adaptant à son style qu'il décrit comme « très différent de celui d'Obama », qui lui, « se concentrait sur les discussions diplomatiques, permettant d'avancer rapidement sur les différents points à aborder »[31]. Par exemple, MM. Abe et Trump s'adonnèrent à de nombreuses reprises à des séances de golf, dont deux fois dans la résidence secondaire du Président en Floride, y consacrant parfois une journée entière. Les journaux japonais qualifièrent cela de « diplomatie du golf » (*gorufu gaikō*)[32] et cela fit d'ailleurs l'objet d'une question écrite de l'opposition à la Diète[33]. L'on peut être dubitatif quant à l'efficacité concrète d'une telle stratégie, mais il semble être néanmoins parvenu à conserver de bonnes relations avec l'allié étatsunien, alors que plusieurs signes indiquaient que la tâche serait délicate. Les tentatives de rapprochement du Président à l'égard de la Corée du Nord inquiétèrent certes le Japon, mais le bilan semble dans l'ensemble assez positif. M. Abe rapporta d'ailleurs que Donald Trump lui aurait dit lors de leur dernier entretien téléphonique : « Je pense que j'ai perdu la bataille contre toi sur les négociations commerciales »[34].

---

29 Résumé en anglais et photos de sa rencontre sur le site du ministère des Affaires étrangères japonais : https://www.mofa.go.jp/na/na1/us/page3e_000594.html (consulté le 28/05/2021).

30 Cette rencontre non officielle n'est pas mentionnée sur le site du ministère des Affaires étrangères japonais.

31 Akihiko Tanaka, Shinzō Abe, *op. cit.*, p. 9–10.

32 Les premiers cadeaux diplomatiques du Président à M. Abe comptaient notamment un polo et un club de golf.

33 Question écrite adressée au Premier ministre le 13 février 2017 par le parlementaire du Parti démocrate constitutionnel Ōsaka Seiji : https://www.shugiin.go.jp/internet/itdb_shitsumon.nsf/html/shitsumon/a193065.htm (consulté le 31 mai 2021).

34 Akihiko Tanaka, Shinzō Abe, *op. cit.*, p. 12. Il aurait plus exactement dit : contre « *Shinzō* ».

### *Les limites de la visite officielle comme outil diplomatique*

Bien qu'il ait également tenté d'établir une relation très amicale avec Vladimir Poutine, les résultats de la diplomatie de M. Abe à l'égard de la Russie furent bien plus mitigés. Les facteurs explicatifs de ce bilan contrasté sont multiples, mais il convient de prime abord de noter que les objectifs du Premier ministre étaient assez ambitieux. Au-delà du développement d'accords commerciaux ou de l'éventuelle construction d'un nouveau gazoduc qui aurait permis d'alimenter directement l'archipel, M. Abe souhaitait résoudre le différend relatif aux territoires septentrionaux du Japon (les îles Kouriles) pour, *in fine*, parvenir à la signature d'un traité de paix avec la Russie[35]. Le Premier ministre se rendit ainsi à onze reprises en Russie : cinq fois pour des visites bilatérales, quatre pour assister au Forum économique oriental et deux fois dans le cadre de l'organisation des Jeux Olympiques de Sotchi. La section de la communication du Cabinet japonais – mais aussi les médias – s'efforça de dépeindre une relation privilégiée entre les deux hommes, relayant volontiers la scène de la rencontre du Premier ministre avec la chienne du président russe Yume (« Rêve » en japonais), de la race des chiens akita-ken, qui lui avait été offerte en 2012 par le département d'Akita en remerciement de l'aide apportée par la Russie après la triple catastrophe du 11 mars 2011. La presse japonaise parla d'ailleurs de « diplomatie de l'Akita-ken » (*akita-ken gaikō*). Elle parla aussi de « diplomatie du judo » (*jūdō gaikō*), les deux hommes ayant assisté à plusieurs reprises à des démonstrations de judo, art martial dont le président russe est féru. Quoi qu'aient pu faire espérer ces mises en scène brisant volontairement l'image d'une relation strictement soumise à un protocole guindé, le Premier ministre ne parvint pas à atteindre ses objectifs diplomatiques. Cela confirme le fait – si tant est qu'un quelconque doute existât à ce sujet – que dès lors qu'il s'agit d'enjeux stratégiques, et non seulement d'éviter qu'une relation bilatérale se détériore, l'impact de la diplomatie personnelle du Premier ministre se révèle très limité.

Enfin, il est également intéressant de noter *a contrario* que malgré le rythme effréné des voyages diplomatiques du Premier ministre Abe, ce dernier n'a pas effectué une seule visite bilatérale en Corée du Sud

[35] La conclusion d'un traité de paix était proche d'aboutir en 1956, mais les États-Unis qui y étaient opposés dans un contexte de Guerre froide, étaient intervenus pour l'en empêcher.

(les rencontres avec les dirigeants sud-coréens ne se faisant que lors de sommets ou de la cérémonie d'ouverture des JO d'hiver de 2018). S'agissant de la Chine, M. Abe ne s'y rendit pour une visite bilatérale qu'assez tardivement, en octobre 2018. Alors que ces deux pays étaient les deux principales destinations des premiers ministres entre 2006 et 2012 (neuf visites bilatérales en tout) – et ce malgré des épisodes de grandes tensions avec le Japon –, cette quasi-absence de visite bilatérale est lourd de signification. Les différends territoriaux, les provocations militaires, les disputes relatives aux questions mémorielles, ainsi que les rhétoriques nationalistes désignant les voisins comme des adversaires, sont évidemment la cause principale de cette situation. En juillet 2020, le Parti libéral démocrate adopta d'ailleurs une résolution pour la suspension de la venue au Japon du Président Xi Jinping qui avait déjà été repoussée, notamment à cause des événements survenus à Hong Kong[36]. Les dirigeants de ces nations continuent bien entendu à s'entretenir lors de sommets et de conversations téléphoniques très régulières. Mais la portée symbolique des visites bilatérales et la couverture médiatique qu'elles supposent, rendent celles-ci délicates au vu de l'état de l'opinion, dont la relative hostilité a été en grande partie façonnée par ces mêmes dirigeants.

## Conclusion

Il n'est pas aisé de dresser le bilan de ce recours intense aux visites officielles réalisées en dépit des contraintes institutionnelles importantes. L'efficacité d'une telle stratégie a en effet pu laisser sceptique, y compris de Motegi Toshimitsu, successeur du ministre des Affaires étrangères Kōno, qui avait déclaré qu'il souhaitait être « un ministre qui laisse une trace dans les mémoires (*kioku*) plutôt que dans les records (*kiroku*) ». L'utilisation de ces visites comme outil de communication personnelle et de mise en scène du pouvoir vis-à-vis des citoyens japonais put également agacer, notamment l'opposition qui évoqua une fuite des responsabilités, des dépenses exagérées et un mépris de la représentation nationale. Enfin, ces visites officielles constituèrent des occasions de débats dans l'archipel sur le contenu même de la politique diplomatique japonaise, avec des

---

[36] Suspension réitérée le 24 septembre 2020, la veille d'une conversation téléphonique entre le Premier ministre Suga Yoshihide et Xi Jinping.

critiques relatives aux compromissions du gouvernement quant au respect des droits humains (Arabie Saoudite, Russie, etc.) et des valeurs pacifistes du pays (ventes d'armes à l'étranger, exercices militaires conjoints, etc.). Quoi qu'il en soit, il est certain que l'usage que M. Abe a fait des visites officielles a sensiblement accéléré une tendance au renforcement de la place de la diplomatie dans la politique au Japon et a marqué un tournant dans la pratique des visites officielles, sur laquelle ses successeurs ne pourront probablement pas revenir sans donner le sentiment qu'ils négligent une prérogative primo-ministérielle incontournable.

# Les voyages pontificaux et la papauté mondialisée de Paul VI à François

Jean-Marc Ticchi

*Centre d'Études en Sciences sociales du religieux (CéSor-EHESS)*

## Une tradition interrompue

On conserve de nombreuses traces des voyages de la papauté médiévale et de sa curie itinérante, spécialement en France[1]. À l'époque moderne en revanche, au cours de laquelle le pape ne sort quasiment pas de ses États, Rome a recours aux nonces et aux légats qui parcourent l'Europe pour la représenter[2]. Le voyage de Pie VI à Vienne en 1782 constitue par conséquent le premier grand voyage pontifical de l'époque contemporaine[3]. Ce déplacement de plusieurs semaines, à l'initiative du pontife et contre l'avis de l'empereur Joseph II, son hôte presque malgré lui, entraîne le déplacement de foules immenses. Le mouvement s'accélère avec Pie VII, pape de 1800 à 1823 qui, entre le retour triomphal de Venise à Rome après son élection sur l'île de Saint-Georges en 1800, sa déportation en France en 1809, son séjour à Savone puis à Fontainebleau entre 1809 et 1814, son retour triomphal de janvier à mai 1814 dans sa

---

1 Bernard Barbiche et Rolf Grosse, *Aspects diplomatiques des voyages pontificaux*, Paris, École nationale des Chartes, Institut historique allemand, 2009.

2 Sur les légats dans l'Hexagone voir Bernard Barbiche, *Bulla, legatus, nuntius. Études de diplomatique et de diplomatie pontificales (XIII<sup>e</sup>–XVII<sup>e</sup> siècle)*, Paris, École des Chartes, 2007, *passim*. Pour un exemple de voyage dans les États pontificaux voir June di Schino – Furio Luccichenti, *Viaggio di Papa Innocenzio XII da Roma a Nettuno l'anno 1697*, Rome, Viviani, 2001.

3 Sur ce voyage, voir Elizabeth Kovac, *Der Pabst in Deutschland. Die Reise Pius VI im jahre 1782*, Vienne, Odenburg, 1983 et Giovanni Soranzo, *Peregrinus apostolicus. Lo spirito pubblico e il viaggio di Pio VII a Vienna*, Milan, Vita e Pensiero, 1937.

capitale et son pèlerinage à Savone en 1815, a voyagé davantage que tous ses prédécesseurs et que ses successeurs réunis jusqu'à Paul VI[4].

Si l'on excepte quelques déplacements de Grégoire XVI dans ses États, le pape ne voyage plus durant la Restauration et encore moins de 1871 à 1929, période durant laquelle Pie IX, Léon XIII, Benoît XV et Pie XI restent enfermés au Vatican pour attester qu'ils sont « prisonniers » de l'Italie qui leur a ravi la Souveraineté temporelle. La situation change avec l'accord conclu entre le Saint-Siège et le Royaume d'Italie du 11 février 1929 dont l'article 2 dispose que « L'Italie reconnaît la souveraineté du Saint-Siège dans le domaine international comme un attribut inhérent à sa nature, en conformité avec sa tradition et avec les exigences de sa mission dans le monde ». L'article 24 du même traité signé au Latran par Mussolini et Gasparri prévoit en effet que :

> Le Saint-Siège, en ce qui touche la souveraineté qui lui appartient, même dans le domaine international, déclare qu'il veut demeurer et demeurera étranger aux compétitions temporelles envers les autres États et aux réunions internationales convoquées pour cet objet, à moins que les parties en litige ne fassent un appel unanime à sa mission de paix, se réservant en chaque cas de faire valoir sa puissance morale et spirituelle. En conséquence, la Cité du Vatican sera toujours et en tous cas considérée comme un territoire neutre et inviolable.

Ces accords qui placent sur un pied d'égalité le Vatican et le Quirinal attestent que le pape de Rome n'est pas le « chapelain » du roi d'Italie mais qu'il représente un sujet autonome et souverain du droit international, le Siège apostolique ou Saint-Siège, dont la mission est de représenter et de promouvoir le catholicisme romain.

Du reste, la renonciation explicite à la Souveraineté temporelle n'empêche nullement Pie XI (1922–1939) de jouer un rôle actif au plan international qui le conduit à utiliser aussi le « signe » que représente le voyage officiel. Certes, il n'accomplit pas de déplacements par lui-même, mais il est le premier à envoyer son secrétaire d'État, Mgr Eugenio Pacelli, après un voyage en bateau, comme légat au congrès eucharistique de Buenos Aires d'octobre 1934 puis aux célébrations de Lourdes en 1935. Le futur Pie XII se rend aussi aux États-Unis en 1936 durant quatre

---

4 Jean-Marc Ticchi, *Le Voyage de Pie VII à Paris pour le sacre de Napoléon (1804 1805) : religion, politique et diplomatie*, Paris, Honoré Champion, 2013.

semaines pour une visite de caractère « strictement privé » *(sic)*[5], puis en France pour la consécration de la basilique de Lisieux en 1937 et au congrès eucharistique de Budapest en 1938[6]. Devenu pape, et hormis ses visites à Castel Gandolfo près de Rome, Pie XII ne se déplace qu'à quelques kilomètres de Rome pour inaugurer le nouveau centre de transmission de la radio vaticane le 27 octobre 1957. Jean XXIII (1958–1963), son successeur, visite quant à lui périodiquement les paroisses de Rome mais n'effectue qu'un seul pèlerinage aux sanctuaires de Lorette et d'Assise le 4 octobre 1962, peu avant l'ouverture du Concile[7].

## Une frénésie voyageuse ?

C'est au pape Paul VI qui règne du 21 juin 1963 au 6 août 1978, que l'on doit, selon Andrea Riccardi, l'« invention du voyage pontifical »[8] contemporain auquel est désormais consacrée une bibliographie substantielle[9]. Entre 1964 et 1970, il effectue neuf déplacements sur les cinq continents dont trois durant le concile lui-même, en Palestine (janvier 1964), en Inde (décembre 1964) et au siège de l'Organisation des Nations Unies (octobre 1965). Il se rend ensuite au Portugal et en Turquie (1967) et à Genève (juin 1969), avant d'accomplir ses trois derniers voyages vers les nouveaux mondes : en Colombie (1968), en Ouganda (1969) et en Asie (1970). Il aurait de surcroît souhaité se

---

5 Sur ces voyages, Paul Dham, *Pie XII. Une vie vouée à la justice et à la paix*, Paris–Bruxelles, Elsevier, 1954, p. 27–31.

6 Intervention de G. M. Vian *in* Rodolfo Rossi (éd.) *I viaggi apostolici di Paolo VI. Colloquio internazionale di studio*. Brescia, 21-22-22-23 settembre 2001, Brescia, Istituto Paolo VI, 2004, p. 185.

7 Intervention de G.M. Vian *in* Rossi, *I viaggi apostolici*, p. 184.

8 Andrea Riccardi, « Significato e finalità dei viaggi apostolici di Paolo VI » *in* Rossi, *I viaggi apostolici*, p. 16.

9 Parmi des titres nombreux : Jacques Martin, « Les voyages de Paul VI » *in Paul VI et la modernité dans l'Église*, Actes du colloque organisé par l'École Française de Rome (Rome 2–4 juin 1983), Rome, École Française de Rome, 1984, p. 317–332 ; Philippe Levillain, « Voyages de Paul VI » *in Id.* (dir.) *Dictionnaire historique de la papauté*, Paris, Fayard, 1994, p. 1732–1735 ; Christine de Montclos, *Les voyages de Jean-Paul II. Dimensions sociales et politiques*, Paris, Centurion, 1990, *Id.*, *Un pèlerin politique ? Les voyages de Jean-Paul II*, Paris, Bayard, 2000 et *Id.*, « Voyages de Jean-Paul II » *in* Levillain (dir.) *Dictionnaire historique de la papauté*, p. 1735–1739 ; Rodolfo Rossi (a cura di) *I viaggi apostolici di Paolo VI. Colloquio internazionale di studio*. Brescia, 21-22-22-23 settembre 2001, Brescia, Istituto Paolo VI 2004.

rendre en Pologne pour le millième anniversaire du baptême de Mieszko I$^{er}$ en 1966[10] mais aussi en Syrie à Damas[11], au Vietnam et au Nigeria[12]. C'est l'occasion d'évoquer un point aveugle du sujet : la liste des pays où le pape aurait souhaité se rendre, liste qui ressemble probablement à celle des États qu'il n'a pas plus visités que ses successeurs, à commencer par la Chine et la Russie. Ce mouvement *ad extra* se double d'un mouvement *ad intra.* Au cours de son pontificat, Paul VI reçoit 258 visites : 103 de chefs d'État (dont 42 d'Afrique et 36 d'Europe), 61 de chefs de gouvernement, 94 de ministres des Affaires étrangères[13]... La réciproque des voyages pontificaux en quelque sorte.

La spécificité du pontificat de Jean-Paul II, pape du 16 octobre 1978 au 2 avril 2005, tient au nombre des voyages qu'il effectue : 206 au total dont 102 en Italie et 104 hors d'Italie. Alors que son prédécesseur avait principalement retenu des « formats » courts, le pape polonais ne craint pas de quitter Rome pour une dizaine de jours, voire un peu plus. Pour le 20$^{e}$ anniversaire de son élection, *L'Osservatore Romano* relève qu'il a parcouru, en 84 voyages hors d'Italie, un million de kilomètres, visité 84 pays et 570 localités[14]. Les deux pontificats suivants se caractérisent pas un nombre moins élevé de voyages utilisés à 49 reprises par Benoît XVI (19 avril 2005–28 février 2013) et 58 reprises par François (13 mars 2013–...). Au total, sur les 336 voyages, près des deux tiers ont été réalisés par Jean-Paul II (206 soit 61 %), et le nombre restant respectivement par François (58 soit 17 %) par Benoît XVI (49 soit 15 %) et par Paul V (23 soit I7 %) :

La répartition entre les voyages en Italie et ceux hors d'Italie reflète la même distribution qui traduit l'équilibre maintenu dans l'agenda pontifical entre la péninsule où se trouve le siège de Pierre et le reste du monde :

10 Riccardi, « Significato e finalità... », p. 28.

11 Pasquale Macchi, « Il Pellegrinaggio in Terra Santa » *in* Rossi, *I viaggi apostolici*, p. 34.

12 Intervention de G.M. Vian *in* Rossi, *I viaggi apostolici*, p. 186.

13 André Dupuy, « Paul VI et la diplomatie pontificale » *in Paul VI et la modernité dans l'Église*, Rome, École Française de Rome, 1984, p. 459.

14 Cité par Christine de Montclos, *Un pèlerin politique ? Les voyages de Jean-Paul II*, Paris, Bayard, 2000, p. 17.

| | Italie | Pourcentage | étranger | Pourcentage |
|---|---|---|---|---|
| Paul VI | 14 | 8 % | 9 | 5 % |
| Jean-Paul II | 102 | 61 % | 104 | 62 % |
| Benoît XVI | 26 | 15 % | 23 | 14 % |
| François | 26 | 15 % | 32 | 19 % |
| | 168 | 100 % | 168 | 100 % |

La singularité du pontificat de Jean-Paul II s'exprime aussi lorsqu'on rapporte le nombre de jours voyagés au nombre total de jours des quatre pontificats. Sur les 58 années qui vont de 1963 à 2021, les quatre papes auraient voyagé pendant près de trois ans s'ils s'étaient déplacés de façon ininterrompue. Les deux-tiers de cette durée totale sont imputables à Jean-Paul II qui, à lui seul, a voyagé durant l'équivalent de deux ans sans interruption sur près de 27 ans de pontificat soit 8 % de celui-ci. En, moyenne, les trois autres papes ont consacré environ 5 % de leur temps à des voyages officiels, François à raison de 6 % de son temps, Benoît XVI à raison de 4 % et Paul VI dont les voyages officiels n'ont, pour l'essentiel, concerné que la première moitié du pontificat, pour 1 % de son pontificat.

| | **(1) durée du pontificat** | **(2) nombre de jours de voyage** | **(3) %de la durée pontificat en voyage** | **en mois** | **en années** |
|---|---|---|---|---|---|
| Paul VI | 5 526 jours | 46 jours | 1 % | 1,5 mois | |
| Jean-Paul II | 9 665 jours | 750 jours | 8 % | 25 mois | 2 ans |
| Benoît XVI | 2 874 jours | 119 jours | 4 % | 4 mois | |
| François | 2 936 jours | 179 jours | 6 % | 6 mois | 0,5 an |
| | 21 001 jours (58 ans) | 1094 jours | 5 % | 36,5 mois | 3 ans |

Sur les 459 destinations correspondant aux 336 déplacements pontificaux par grandes zones géographiques, près des deux tiers sont effectués vers l'Europe. Cette surpondération du vieux continent procède du poids relatif des 168 déplacements effectués en Italie. Hors Italie, la part de l'Europe dans les déplacements est ramenée à un gros tiers du total (35 %). Viennent ensuite l'Amérique du Sud et l'Afrique qui représentent chacune environ un cinquième (respectivement 21 et 20 %). Se tiennent dans un mouchoir de poche, le Proche Orient (6 %), l'Asie (6 %), le sous-continent indien (3 %), l'Amérique du Nord (3 %). L'Océanie, les États de l'ex-URSS et les îles de l'Océan Indien représentent moins de 1 % :

| **Zone** | **Nombre toutes destinations** | % | **dont hors d'Italie** | % |
|---|---|---|---|---|
| Europe | 271 | 59 % | 103 | 35 % |
| Amérique du Sud | 61 | 13 % | 61 | 21 % |
| Afrique | 59 | 13 % | 59 | 20 % |
| Proche Orient | 17 | 4 % | 17 | 6 % |
| Asie | 19 | 3 % | 19 | 6 % |
| Inde | 9 | 2 % | 9 | 3 % |
| Amérique du Nord | 8 | 2 % | 8 | 3 % |
| Océanie | 6 | 1 % | 6 | 2 % |
| Ex-URSS | 4 | 1 % | 4 | 1 % |
| Australie | 3 | - | 3 | 1 % |
| Océan indien | 2 | - | 2 | - |
| Total | 459 | | 291 | |

Considérés sous l'angle du nombre des voyages pontificaux qu'ils ont accueillis, les différents pays appartenant à l'Organisation des Nations Unies se rangent en quatre grandes catégories. Dans la première se trouvent les États dans lesquels les papes se sont rendus le plus souvent, de cinq à dix fois, de 1963 à 2021. On y trouve la Pologne, (10 voyages), les États-Unis (9 en lien avec les visites à l'ONU), l'Espagne et la France (8 chacun), le Mexique et le Portugal (7 chacun), l'Allemagne et le Brésil

(6 chacun), enfin Israël (5). La deuxième catégorie regroupe les États où les papes se sont rendus de trois à quatre reprises, qu'il s'agisse de pays continents comme l'Australie (4), d'États de Terre Sainte comme la Jordanie (4), de grands États du tiers-monde comme le Kenya et les Philippines (4 chacun), de la Suisse (4 voyages en lien avec la présence d'importantes organisations internationales à Genève), mais aussi de la Tchéquie et de la Turquie (4 chacun). Hormis le Canada, la Bosnie-Herzégovine, Malte et la Slovaquie, des grands États du tiers-monde comme la Côte-d'Ivoire, la Colombie ou encore l'Inde ont reçu trois fois le pape. 39 États ne l'ont reçu qu'à deux reprises au cours de la période[15] et 54 qu'une seule fois[16].

Viennent enfin les pays dans lesquels le pape ne s'est jamais rendu, qu'il s'agisse de ceux où la population chrétienne est minoritaire comme les pays musulmans ou les États d'Orient comme le Viêt Nam et le Cambodge ou inexistante comme le Bhoutan, Brunei, la Chine ou encore la Corée du Nord ainsi que les micro-États insulaires[17]. Outre la Russie et la Biélorussie, des États d'Asie centrale de l'ex-URSS comme l'Ouzbékistan, le Tadjikistan ou le Turkménistan. En Afrique ne restent à visiter que 13 États (Comores, Djibouti, Érythrée, Éthiopie, Liberia, Mauritanie, Namibie, Niger, Sierra Leone, Somalie, Soudan du Sud, Tchad et Yémen). Le pape ne s'est pas rendu non plus dans des micro-États

---

15 12 pour l'Europe : Albanie, Belgique, Bulgarie, Estonie, Irlande, Lettonie, Lituanie, Roumanie, Royaume-Uni, Saint-Marin, Slovénie, et Suède ; 8 pour l'Afrique : Angola, Burkina Faso, Madagascar, Maroc, Mozambique, Nigeria, République centrafricaine et République démocratique du Congo ; 8 pour l'Amérique du Sud : Argentine, Bolivie, Chili, Cuba, Équateur, Nicaragua, Panama et Paraguay ; 8 pour l'Orient et le Proche- Orient : Bangladesh, Japon, Liban, Corée du Sud, Pakistan, Thaïlande, Uruguay, Venezuela ; 3 anciennes Républiques d'URSS : Arménie, Azerbaïdjan et Géorgie.

16 24 en Afrique (Afrique du Sud, Botswana, Burundi, Égypte, Eswatini, Gabon, Gambie, Ghana, Guinée, Guinée équatoriale, Guinée-Bissau, Lesotho, Malawi, Mali, République dominicaine, République du Congo, Rwanda, Sénégal, Soudan, Tanzanie, Togo, Tunisie, Zambie, Zimbabwe), 4 États insulaires (le Cap-Vert, Maurice, Sao Tomé-et-Principe et Seychelles), 3 au Proche-Orient (Émirats arabes unis, Irak et Syrie), 2 dans l'ex- URSS (Kazakhstan et Ukraine), 6 en Asie (Birmanie, Iran, Indonésie, Nouvelle-Zélande, Samoa et Singapour), 9 en Europe (Danemark, Finlande, Grèce, Islande, Liechtenstein, Luxembourg, Macédoine du Nord, Norvège et Pays-Bas), 2 en Amérique latine (Costa Rica et Honduras), 4 micro-États insulaires (Bahamas, Belize, Jamaïque et Trinité-et-Tobago).

17 États fédérés de Micronésie, Fidji, Îles Marshall, Kiribati, Maldives, Nauru, Palaos, Salomon, Timor oriental, Tonga, Tuvalu, Vanuatu.

comme Andorre, Chypre, Monaco et Monténégro en Europe ou dans les plus petits États en Amérique du Sud comme Antigua-et-Barbuda, Barbade ou Suriname.

Un autre « indicateur d'intérêt » des papes est le nombre d'entre eux qui ont visité chaque pays, traduisant le caractère de « point de passage obligé » que ces États constituent. Cet indicateur permet de distinguer 17 États ou au moins trois papes se sont rendus : en Europe, l'Espagne, Malte, la Pologne, la Suisse et le Portugal ; en Amérique du Nord, les États-Unis ; en Amérique du Sud, le Brésil, la Colombie, le Mexique ; au Proche Orient, Israël et la Jordanie, auquel se rattache la Turquie ; l'Australie pays-continent ; en Asie, l'Inde, les Philippines et le Sri Lanka ; en Afrique, l'Ouganda.

## Qu'est-ce qu'un « voyage apostolique » ?

Lorsqu'elle rend compte, dans son édition du 2 février 1964, du voyage du pape Paul VI en Palestine, la *Documentation catholique* publie, à la suite de *La Croix* du 6 décembre 1963, une liste des voyages des papes, depuis ceux à Constantinople d'Agapet I^er^ en 536 et de Vigile en 547, jusqu'à celui, forcé, de Pie VII en France, de 1809 à 1814[18]. Au milieu des années 1960, pourtant marquées par le développement du tourisme, les déplacements en famille et l'amélioration des liaisons aériennes, le nomadisme pontifical constitue donc une innovation. Avec ce voyage apparaît une nouvelle entrée dans la table des matières du recueil des Actes et documents du Saint-Siège, les *Acta Apostolicae Sedis* et un nouveau concept – en latin – la *Peregrinatio in Palestinam*[19]. La rubrique figurera par la suite aussi bien dans les Tables de la *Documentation catholique* que dans celles de la revue de l'Université Grégorienne *Archivum Historiae Pontificiae*, où l'entrée *Peregrinationes* s'enrichira au fil des ans d'une multitude d'articles concernant les voyages des papes de Rome depuis celui de Paul VI en Palestine jusqu'à celui de François en Irak, voici quelques semaines.

---

18 « Le pèlerinage de S. S. Paul VI en Terre Sainte » *in La Documentation catholique*, XLVI, n° 1417, 2 février 1964, col. 161, note 1.

19 *Acta Apostolicae Sedis*, LVI, série III, vol. VI, Cité du Vatican, Typis polyglotis, 1964, p. 116.

Avec Paul VI Montini renaît par conséquent une nouvelle modalité d'exercice du magistère pontifical. Quelle rupture intervint en 1964, et quelles continuités sont désormais repérables eu égard au développement du phénomène ? Les archives du Saint-Siège étant, en vertu de la décision du pape François[20] du 2 mars 2020, ouvertes jusqu'au pontificat de Pie XII (1939–1958), les éléments réunis ici ne proviennent pas des sources d'archives mais des publications officielles. Le site internet du Vatican tient en effet à jour des pages spécifiques qui présentent, à compter du pontificat de Paul VI, une rubrique « voyages » qui énumère les déplacements pontificaux, autre signe de l'importance accordée par la Curie à ceux-ci. Cette rubrique est, au plan éditorial, mise sur le même pied, par ordre alphabétique à l'avant dernière place, que l'Angélus (allocution hebdomadaire aux pèlerins du pontife à Rome sur la place Saint-Pierre), les audiences, les bulles, les constitutions apostoliques, les discours, les encycliques, les exhortations apostoliques, les lettres apostoliques, les homélies, les lettres, les messages, les motu proprio, les prières et les méditations quotidiennes[21].

Dans ces listes, le terme de « voyages » pontificaux utilisé par le Vatican – expression qui désigne par métonymie le Saint-Siège – recouvre trois modalités différentes : le « voyage apostolique », la « visite apostolique » et le « pèlerinage ». Si l'on comprend bien les deux premières, la dernière dénomination est entourée d'un certain flou. Quel est l'objet du pèlerinage du pape lorsque celui-ci se rend à Cuba ou au Maroc, à l'ONU ou à l'OIT ? Quel sanctuaire va-t-il visiter ? Quel saint va-t-il honorer ? La notion de « pèlerinage apostolique » s'entend à la lumière des éclaircissements donnés par Jean-Paul II au Sacré Collège des cardinaux le 28 juin 1980, un peu moins de deux ans après son élection. La notion de « pèlerinage apostolique » entendons « de l'apôtre » en l'occurrence du successeur de l'apôtre Pierre, titulaire du siège de Rome, est indissociable de l'ecclésiologie catholique romaine. On l'avait déjà utilisée lors du voyage de Pie VI à Vienne en 1782 où le pape avait été désigné du nom de *peregrinus apostolicus* conformément à la 96ème devise associée à son pontificat en vertu de la prophétie de Malachie[22]. Elle témoigne selon le pape Wojtyła d'une conception de l'Église centrée sur

---

20 https://www.vaticannews.va/it/papa/news/2019-03/papa-fra-un-anno-apertura-archivi-pio-xii.html, (consulté le 23 mars 2021).

21 http://www.vatican.va/content/francesco/fr/travels/2021/outside.index.html (consulté le 23 mars 2021).

22 Philippe Levillain, « Prophéties » *in Id.*, *Dictionnaire historique de la papauté*, Paris, Fayard 1994, p. 1404.

la mission entendue comme « la révélation de la puissance de Dieu pour quiconque croit [...] ». Aussi :

> C'est dans ce contexte que prennent leur pleine signification chacun et tous les voyages-pèlerinages du pape en ce qui concerne soit la spécificité de chacun d'entre eux, soit leur globalité. Ces voyages sont des visites accomplies à chaque Église locale et servent à montrer la place qu'elles ont pour constituer l'universalité de l'Église. Comme je l'ai affirmé une autre fois, indique Jean-Paul II, chaque voyage est " un authentique pèlerinage au sanctuaire vivant du Peuple de Dieu "[23].

Il s'agit bien d'occasions « d'annoncer l'Évangile pour confirmer ses frères dans la foi, pour consoler l'Église, pour rencontrer l'homme. Ce sont des voyages de foi, de prière, qui ont toujours au centre la méditation et la proclamation de la parole de Dieu, la célébration eucharistique, l'invocation à Marie. [...] C'est cela et seulement cela le but du pape-pèlerin bien que certains puissent lui attribuer d'autres raisons ». Insistant sur la nécessité, pour les évêques, de « rassembler le peuple de Dieu », le pape polonais souligne que cette « méthode apostolique » est fondamentale pour la réalisation du Concile Vatican II de sorte que « On peut dire qu'après le Concile Vatican II [...] le pape-pèlerin se sent partout " comme chez lui " même " parmi les étrangers " »[24]. C'est pourquoi le 264e pape de l'Église catholique romaine, évoquant ses entretiens avec des représentants de toutes les religions, conclut :

> Partout, de manière libre par rapport à la tradition et à l'appartenance religieuse, le Pape porte en lui la profonde conscience que Dieu veut que " tous soient sauvés et parviennent à la connaissance de la vérité " (1 Tm 2, 4) ; la conscience de l'œuvre rédemptrice du Christ qui se trouve réalisée par son sang versé pour tous les hommes, sans distinction des croyants ou des non-croyants. Le pape porte partout aussi en lui la conscience de la fraternité universelle de tous les hommes au nom de laquelle ils doivent se sentir unis autour des grands et difficiles problèmes de la famille humaine tout entière : la paix, la liberté, la justice, la faim, la culture et les autres problèmes qu'avec l'aide de Dieu, j'ai amplement traités au Siège de l'ONU, à New York lors de l'Assemblée générale des Nations Unies, le 2 octobre de l'année dernière, à celle de la FAO, à Rome, le 12 novembre et enfin au siège

---

23 « Bilan d'un an de ministère. Discours au Sacré Collège et à la Curie romaine » *in La Documentation catholique*, LXXVII, n° 1790, 20 juillet 1980, p. 670.

24 *Ibid.*, p. 671.

de l'UNESCO, à Paris, le 2 juin dernier. L'Évangile est la " grande charte " fondamentale de cette conscience.[25]

Jean-Paul II revient sur le sujet devant le corps diplomatique le 14 janvier 1980, après avoir évoqué ses voyages au Mexique, en Pologne, en Irlande, à l'ONU et en Turquie déclarant :

> Toutes ces visites [...] ont voulu servir la cause de la paix et c'est la raison pour laquelle je me suis permis de les évoquer [...]. Certes, elles demeurent entièrement au service de buts religieux, pastoraux, œcuméniques ; mais, en même temps, en conduisant le Pape en divers points du globe, elles créent l'occasion de rencontres avec des sociétés, des réalités et même des systèmes politiques fort divers. Comment ne pas voir qu'elles favorisent le rapprochement ? Car c'est là aussi un rôle de l'Église qui veut unir, qui veut servir la fraternité des hommes et des peuples, en dépassant ce qui les sépare et parfois les oppose.[26]

Le propos est repris à l'aéroport d'Eindhoven le 11 mai 1985 : « Ces voyages apostoliques ont pour seul but de proclamer le message évangélique, de favoriser l'unité et d'encourager le dynamisme des Églises particulières. La vitalité des Églises locales progresse ou renaît dans la mesure où elles s'engagent à ne pas se replier sur elles-mêmes, mais aussi dans la mesure où elles veillent à éviter toute distance par rapport au centre de l'unité. »[27].

Cette définition des voyages-pèlerinages explicite l'essentiel du contenu des voyages pontificaux : les églises locales, la paix, la liberté de conscience, le développement. Mais il convient ici de se placer dans la plus longue durée pour mesurer les origines et les implications de ces objets.

## Les voyages pontificaux, voyages officiels

S'ils revêtent un caractère avant tout spirituel, missionnaire ou prophétique, les voyages officiels des papes comportent des points

---

25 *Ibid.*

26 http://www.vatican.va/content/john-paul-ii/fr/speeches/1980/january/documents/hf_jp-ii_spe_19800114_corpo-diplom.html, (consulté le 18 mars 2020).

27 http://www.vatican.va/content/john-paul-ii/it/speeches/1985/may/documents/hf_jp-ii_spe_19850511_arrivo-welschap.html (consulté le 18 mars 2021).

de passage obligés qui les rapprochent de ceux accomplis par leurs homologues laïcs, les chefs d'États et de gouvernement et les ministres des Affaires étrangères. Parmi ces éléments incontournables figure notamment la rencontre avec les journalistes. Ceux-ci sont 2 500 y compris les photographes et les cameramen pour le voyage de Paul VI en Palestine dont 80, dans un avion spécial affrété par le groupe Prouvost, propriétaire de *Paris-Match* et de *Télé 7 jours*[28]. Leur nombre s'élève à 3 000 environ pour le 81e voyage de Jean-Paul II à Cuba, du 21 au 25 janvier 1998[29]. Les journalistes accompagnent également le pape en avion. On en compte de 50 à 60 par vol sous Benoît XVI, reprenant un format qui avait été abandonné en 2000 du fait de l'aggravation de l'état de santé de Jean-Paul II[30]. La conférence de presse du pape à bord constitue aussi une étape importante au cours de laquelle le pontife parle alors qu'il se trouve bel et bien « dans les cieux », une dimension spatiale qui traduit une position spirituelle qui ne saurait être ignorée… La présence de la presse permettrait aussi, dit-on, car les journalistes paient leur place, d'alléger le coût du transport pour les finances du Saint-Siège. La « couverture » des voyages de Paul VI par la télévision publique italienne, la RAI suscita dans le passé des critiques dans la péninsule[31] alors même que rien n'assurait que les journalistes puissent réellement prendre connaissance, pas plus que leurs confrères étrangers du reste, du flot ininterrompu des déclarations du pape, d'autant que celles-ci peuvent se ressembler d'un voyage à l'autre[32].

Même si le pape est l'invité d'une Église locale[33], les voyages pontificaux sont aussi des voyages officiels qui se rapprochent par certains aspects des

---

28 Pietro Ambrogiani, *Paul VI, le pape pèlerin*, Paris, Solar, 1971, p. 74.

29 Albert Longchamp, « Cuba : l'Église catholique en rempart moral » *in Études*, juillet–Août 1998, n° 3891–2, p. 73.

30 *Benoît XVI. Conversations de voyage*, préface de Mgr Georg Gänswein, sous la direction d'Angela Ambrogetti, introduction de Federico Lombardi, Langres, Parole et Silence, 2015, p. 6 et 19.

31 Riccardi, « Significato e finalità… », p. 21.

32 Gianpaolo Salvini, « I viaggi di Giovanni Paolo II, annunzio itinerante del Vangelo e " segno " per il nostro tempo » *in Civiltà Cattolica*, anno 136–IV, quaderno 3252, 21 décembre 1985, p. 549, souligne la difficulté des journalistes pour prendre en compte les innombrables discours du pape.

33 Salvini, « I viaggi di Giovanni Paolo II, … », p. 550 souligne l'importance de l'invitation par les églises locales.

« fêtes de souveraineté »[34] parce qu'ils offrent l'occasion de rencontrer les pouvoirs publics des États visités. Certes, les observateurs catholiques soulignent l'importance de leurs objectifs religieux : leur caractère œcuménique, la sollicitude manifestée pour les pauvres ou encore la recherche de la paix[35]. Si ces dimensions constituent des constantes, une autre caractéristique est l'accueil réservé par les pouvoirs publics. Dès le premier voyage de Paul VI, avant que celui-ci ne prenne le DC 8 d'Alitalia qui le conduit en Palestine, le samedi 4 janvier 1964 à l'aéroport de Rome Fiumicino, il est salué par le Président de la République italienne, Antonio Segni, qui prononce une adresse à laquelle le pontife répond en évoquant « un pèlerinage de prière et de pénitence en vue d'une participation plus intime et vécue aux mystères de la Rédemption et pour proclamer toujours plus haut [...] que le salut attendu et désiré se trouve uniquement dans l'Évangile de Jésus »[36]. À son retour dans la Ville, Paul VI est de nouveau accueilli par le président Segni devant qui il évoque sa « [...] pensée reconnaissante aux autorités de ces Lieux qui ont rendu si facile et si aisé [...] voyage »[37].

Le voyage lui-même peut faire l'objet d'une instrumentalisation politique. On se souvient des querelles relatives à la visite du pape en France de 1980 et 1983 qui disparaissent en 1986 lorsque Jean-Paul II est accueilli par le président François Mitterrand et salué à son départ par le Premier ministre, Jacques Chirac. Il est révélateur qu'après avoir souligné la signification « avant tout spirituelle du voyage », dans une revue de presse réalisée pour *Esprit*, en janvier 1987, Jean-Louis Schlegel évoque en premier lieu les « lectures politiques de l'événement »[38] tout comme l'avait fait, en 1980, le commentateur jésuite du voyage de Jean-Paul II en France[39]. À cette époque, on daube ou l'on s'extasie au sujet de

---

34 Sur celles-ci et pour le XIX<sup>e</sup> siècle, voir Alain Corbin, Noëlle Gérôme et Danielle Tartakowsky, *Les usages des fêtes aux XIX<sup>e</sup> et XX<sup>e</sup> siècles*, Paris, Publications de la Sorbonne, 1994, *passim*.

35 Intervention de G.B. Re Rossi, *I viaggi apostolici*, p. 182.

36 *Ibid.*, col. 162.

37 *Ibid.*, col. 184.

38 Jean-Louis Schlegel, « La visibilité retrouvée du catholicisme » *in Esprit*, janvier 1987, n° 22, p. 43.

39 Louis de Vaucelles, « Le voyage de Jean-Paul II en France » *in Études*, t. 353/6, juillet 1980, p. 77–89.

la célébration de la messe à Saint-Denis dans une « mascarade célébrée en pleine banlieue, dans la seigneurie même du PCF »[40].

Dans les pays visités, le voyage pontifical constitue l'occasion de saluer les chefs d'État qui viennent accueillir le pape. Emblématique à ce titre reste le dernier déplacement, de Paul VI en Extrême-Orient. Le pontife est tout d'abord salué à son départ à l'aéroport de Rome par le Président du Conseil italien, Emilio Colombo, le jeudi 26 novembre 1970[41]. En route, il est reçu à l'aéroport de Téhéran par le Shah avec lequel il s'entretient durant cinquante minutes, puis à Dacca, au Pakistan Oriental, il fait une halte d'une heure et rencontre le président Yahia Khan. Par la suite, il est accueilli par le président Ferdinando Marcos à Manille le vendredi 27 novembre au matin affirmant : « Nous venons ici dans la ligne de notre mission spirituelle : nous venons participer aux travaux de la Conférence des évêques de toute l'Asie orientale. Nous voulons chercher ensemble, dans la ligne du concile de Vatican II, comment annoncer l'Évangile de Jésus Christ aux hommes de ce temps et de ce continent […] »[42]. Après la messe à la cathédrale de Manille, il rend de nouveau visite au chef de l'État l'après-midi avant de rencontrer le corps diplomatique.

Les lieux choisis pour organiser ces rencontres officielles sont emblématiques : lors de son voyage à l'ONU de 1964[43], Paul VI se rend à l'hôtel Waldorf-Astoria – et non pas dans un édifice public – afin de rencontrer le président Lyndon Johnson pour évoquer la paix et la diffusion de l'instruction[44]. Autant de signes de la minutie qui caractérise l'organisation de cette rencontre. Tout est symbole dans la visite pontificale où le politique se mêle au religieux : à son retour à Rome

---

40 Emmanuel Le Roy Ladurie, « Quand Escobar devient jobard » *in Commentaire*, automne 1980, vol. 3, n° 11, p. 462–463. L'article commente le compte rendu du voyage en France du Père Louis de Vaucelles, « Le voyage de Jean-Paul II en France » *in Études*, t. 353/6, juillet 1980, p. 77–89.

41 « Le voyage de Paul VI en Extrême-Orient. 1ère partie : Pakistan, Philippines, Samoa » *in La Documentation catholique*, LXVII, n° 1576, 20 décembre 1970, col. 1109.

42 *Ibid.*, col. 1110.

43 « La visite de S. S Paul VI à l'ONU » *in La Documentation catholique*, LXII, n° 1457, 17 octobre 1965, col. 1729. Paul VI se rend à New York au siège de l'Organisation des Nations unies le 4 octobre 1965, à l'invitation du secrétaire général Thant qui, dans la lettre qu'il lui adresse le 20 janvier 1965, se réfère aux propos tenus par le pape le 5 décembre 1964 à Bombay et se dit « ému par cet appel » et par « la dévotion » du pontife à la paix.

44 *Ibid .*, col. 1740.

le mardi 5 octobre 1964 à 13 heures, le pape se rend au concile qui vient de terminer sa 142e congrégation générale. Il est salué par le cardinal Liénart, le plus ancien membre du conseil de présidence, qui demande que son allocution à l'ONU soit insérée dans les Actes conciliaires. Pour la première fois, le pontife romain a pris la parole dans le grand amphithéâtre des Nations Unies, devant les représentants de toutes les nations membres, à l'exception de l'Albanie. Il était accompagné de huit cardinaux des différentes parties du monde, Cicognani, Tisserant, Agagianian, Gilro, Spellman, Caggiano, Doï et Rugambwa[45]. Il a remis aux Nations Unies le bref *Nuntius evangelii pacis* du 4 octobre sur la paix, en souvenir de sa visite.

Les pages que le site internet du Vatican consacre au voyage en Irak du 5 au 8 mars 2021[46] confirment l'importance contemporaine des rencontres des personnalités officielles avec le pontife romain. C'est ainsi que le vendredi 5 mars 2021, François est accueilli à l'aéroport international de Bagdad dans la salle VIP où il rencontre le Premier ministre à 14 h 10 avant de se rendre à 15 heures au palais présidentiel pour une visite de courtoisie au président de la République dans le bureau privé de celui-ci, avant de retrouver, à 15 h 45, les autorités, la société civile et le corps diplomatique au palais présidentiel. Le dimanche 7 mars 2021, en arrivant à Erbil, il est accueilli à 8 h 20 par le président de la région autonome du Kurdistan irakien et des autorités religieuses et civiles à l'aéroport avant de rencontrer, à 8 h 30 le président et le Premier ministre de la région autonome dans la Presidential Vip Lounge de l'aéroport. Les entretiens avec les pouvoirs publics structurent donc d'une façon particulièrement rigoureuse ces voyages.

Les déplacements du pape offrent aussi l'occasion au Saint-Siège d'exercer son pouvoir d'influence dans les relations internationales. Le dimanche 25 janvier 1998, le pape célèbre la messe à La Havane en présence de 300 000 personnes sur la place de la révolution José Marti, où un portrait géant de Che Guevara fait face à celui du Christ, en présence de Fidel Castro[47]. Le même jour, Jean-Paul II évoque, sans prononcer le mot d'« embargo », les « mesures économiques restrictives imposées

---

45 *Ibid.*, col. 1738, note.

46 http://www.vatican.va/content/francesco/fr/travels/2021/outside/documents/papa-francesco-iraq-2021.html, (consulté le 24 mars 2021).

47 Albert Longchamp, « Cuba : l'Église catholique en rempart moral » *in* Études, juillet–Août 1998, n° 3891–2, p. 79.

de l'extérieur du pays de manière injuste et moralement inacceptables » tandis que le cardinal Angelo Sodano présente, le 22 janvier, une liste de personnes détenues pour des motifs politiques aux autorités cubaines, dont 289 sont libérées[48]. La Maison-Blanche annoncera deux mois plus tard, le 20 mars, un assouplissement de son embargo qui n'est à l'évidence pas sans lien avec les déclarations du pape, renouant avec une tradition ancienne, puisqu'elle remonte au moins à l'intervention de Léon XIII relative à la guerre de 1898 entre les États-Unis et l'Espagne au sujet de Cuba[49].

Tout comme il se trouve du « politique » dans le « religieux », on constate aussi la présence du « religieux » dans le « politique » durant les voyages pontificaux. On avait observé le phénomène à Paris en 1804, lorsque la venue de Pie VII, utilisée par les autorités impériales comme une *lustratio*, une « purification » destinée à éliminer les restes de la Révolution, à souligner le rétablissement de la religion et de l'autorité en France et à fonder une nouvelle dynastie. Cuba offre un autre excellent exemple du mélange instable entre religieux et politique puisque c'est au retour de son voyage au Mexique en 2016 que François fait escale dans l'île où il rencontre le patriarche de toute la Russie le 12 février. Comme l'annonce le communiqué de presse conjoint du Saint-Siège et du Patriarcat de Moscou du 5 février 2016, le pape fait « [...] escale avant son voyage au Mexique, et où le Patriarche sera en visite officielle. Elle comprendra un entretien personnel à l'aéroport international José Martí de la Havane et se terminera par la signature d'une déclaration commune »[50]. C'est la première manifestation de ce type dans l'histoire d'un pape de Rome, persona non grata en Russie, qui s'entretient en terre étrangère et en terrain neutre avec le chef d'une Église autocéphale qui ne reconnaît pas la suprématie du pontificat romain.

À l'audience générale du 25 novembre 1970, le pape Paul VI déclarait à la veille de son voyage en Extrême Orient :

---

48 *Ibid.*, p. 80.

49 Sur celle-ci qui permit à la reine d'Espagne d'accorder une suspension d'armes aux insurgés voir Jean-Marc Ticchi, *Aux Frontières de la Paix. Bons offices, médiations, arbitrages du Saint-Siège dans l'activité diplomatique du Saint-Siège*, Rome, École française de Rome, 2002, p. 168–186.

50 *Istina*, , XLI (2016), p. 89–120, citation p. 89.

> Le fait que le pape parte en voyage n'est plus une nouveauté. Si nouveauté il y a, elle réside dans les circonstances pratiques de ce voyage, son itinéraire, ses étapes, sa durée [...] en tant que pape nous allons là-bas non pas en touriste privé et encore moins pour faire l'objet de fêtes et de cérémonies, mais en évêque et chef du collège épiscopal, en pasteur et missionnaire, en pêcheur d'hommes [...][51].

Cette conclusion conserve toute son actualité comme l'a montré ce survol d'une intense activité à la fois religieuse, politique et diplomatique. Reste une question ouverte : Comment mesurer l'incidence de ces voyages ? Faut-il voir, au moins au plan des croyances, des « pèlerinages de l'utopie »[52] selon une expression qu'appliquait en 1988 Danièle Hervieu-Léger au voyage de Jean-Paul II en France ? Le fait est que le voyage, qui marque une date importante dans la mémoire des relations internationales, mobilise de surcroît des foules considérables assurant une couverture médiatique qui dépasse très largement les communautés catholiques. Faute d'indicateurs bien pertinents, la mesure du succès réel de ces événements – indéniable dans la plupart des cas – reste sujette à précaution puisque, comme l'a montré Nicolas Mariot[53] pour les voyages des présidents de la République française, les voyages officiels sont toujours et par construction, des réussites...

---

51 « Le pape et le monde : David et Goliath. Audience générale du 25 novembre » *in La Documentation catholique*, LXVIII, n° 1577, 3 janvier 1971, col. 1.

52 Danièle Hervieu-Léger, « Le pèlerinage de l'utopie » *in* Jean Séguy et *al. Voyage de Jean-Paul II en France*, Paris, Cerf 1988, p. 34–55.

53 Nicolas Mariot, *Bains de foule. Les voyages présidentiels en province 1888–2002*, Paris, Belin, 2006.

# Le voyage du président Obama en Turquie d'avril 2009 : Succès et limites d'une étonnante (quasi) première visite officielle à l'étranger

Julien Zarifian
*CY Cergy Paris Université*

En avril 2009, le président Obama nouvellement élu choisit d'effectuer son « presque premier » voyage officiel à l'étranger en Turquie. « Presque premier » car, comme c'est souvent le cas, il réserve sa première visite à l'Amérique du Nord, en passant quelques heures dans la capitale canadienne Ottawa le 19 février. « Presque premier » aussi car cette visite en Turquie est l'avant-dernière étape d'un périple d'environ huit jours en Europe et au Moyen-Orient, lors duquel le président participe à des sommets multilatéraux (celui du G20 à Londres, de l'OTAN à Strasbourg et en Allemagne, et un sommet États-Unis-UE à Prague) et qui s'achève par une visite en Irak. Il n'en reste pas moins que le séjour en Turquie est une visite officielle à proprement parler, spécifiquement dédiée aux relations bilatérales, contrairement aux séjours de la première phase de ce long voyage outre-mer. Selon la presse turque, l'initiative de cette visite est le fait de l'homme fort du régime d'Ankara, le Premier ministre Recep Tayyip Erdoğan, qui invite le président américain à participer au forum de l'Alliance des civilisations de l'ONU, se tenant à Istanbul, le 7 avril 2009. Selon ces mêmes médias, Obama accepte et décide d'effectuer une visite officielle à Ankara[1]. Au final, Obama n'assistera pas au forum de l'Alliance des civilisations et la visite se transformera en une visite officielle bilatérale pleine et entière, qui dure 48 heures, du 5 au 7 avril. Il y rencontre les plus hautes autorités politiques et religieuses du pays, des membres de la société civile, de l'opposition, des ministres des Affaires étrangères d'États tiers, fait un discours important devant le parlement et visite des hauts lieux du patrimoine national. Fortement symbolique,

1 "Turkey Confirms U.S. President Barack Obama Visit on April 6–7", *Hürriyet*, 19 mars 2009.

car effectuée dans un pays à majorité musulmane et au sein d'un Moyen-Orient malmené par la guerre globale contre la terreur de George W. Bush, et très commentée quand elle a lieu, cette visite officielle est ensuite quelque peu éclipsée par la tournée moyen-orientale d'Obama de juin 2009, durant laquelle il se rend en Arabie saoudite et en Égypte, et prononce son célèbre discours du Caire. Ce voyage précoce en Turquie continue toutefois d'interroger. Pourquoi avoir choisi ce pays pour un premier voyage officiel outre-mer ? Qu'est-ce que son organisation et son déroulement révèlent des premiers pas de la présidence Obama et de la politique étrangère qu'elle souhaite mener, notamment au Moyen-Orient ? Enfin, que nous dit cette visite sur les relations américano-turques, souvent perçues comme stratégiques mais également, déjà, au croisement des chemins ?

## Le choix de la Turquie

Les voyages présidentiels américains à l'étranger, en tant que sujet d'étude, sont assez peu traités par la recherche académique. Il est donc difficile de mesurer leur rôle et leur valeur politiques et géopolitiques intrinsèques. Les quelques travaux d'histoire et de science politique qui en traitent, tendent à montrer qu'ils comptent beaucoup pour le président qui les effectue, et sont donc choisis avec soin, ne serait-ce que parce qu'ils sont souvent chronophages, coûteux, et qu'ils peuvent avoir un impact, certes en général plutôt mineur, sur la popularité du président[2]. Par ailleurs, ces voyages ont souvent un intérêt diplomatique, géopolitique ou économique évident, et mettent en exergue l'importance des partenaires à qui le président rend visite, donnant ainsi des indications sur la politique étrangère qu'il souhaite pour son pays. Le nombre et la fréquence des voyages officiels des présidents américains ont considérablement augmenté au fil des décennies, tout comme le temps passé hors du territoire américain, pour dépasser les cent jours par an durant les présidences G. H.W. Bush, Clinton, G. W. Bush et Obama[3].

---

2 Jeffrey Cohen, Richard Powel, "Building Public Support from the Grassroots Up: The Impact of Presidential Travel on State-Level Approval", *Presidential Studies Quarterly*, Vol. 35, Issue 1, March 2005, p. 14.

3 "International Presidential Travel Cost Analyses Archive", National Tax Payers Union Foundation, Ntu.org, https://www.ntu.org/foundation/tax-page/international-presidential-travel-cost-analyses-archive [22 mars 2021].

Sur ces séjours à l'étranger relativement nombreux, notons toutefois que, si un nombre important a pour objectif une visite bilatérale, beaucoup visent la participation à des sommets multilatéraux (qui n'empêche pas des rencontres bilatérales, mais dont ce n'est pas l'objectif premier). Par ailleurs, on observe également que ces visites officielles ont souvent lieu vers quelques destinations qu'on peut qualifier de privilégiées (en particulier quelques États d'Europe occidentale et le Canada et le Mexique).

Dans ce contexte, le choix du président Obama d'effectuer sa première visite outre-mer, *a fortiori* une visite relativement longue, en Turquie, alors que ses prédécesseurs choisissent en général une destination européenne ou asiatique, dénote. Il dénote d'autant plus que les voyages présidentiels américains dans ce pays sont peu nombreux. Dans le passé, seuls quatre présidents s'y étaient rendus, chacun une fois (il s'agissait des présidents Eisenhower, G. H.W. Bush, Clinton et G. W. Bush). Plusieurs raisons peuvent néanmoins expliquer ce choix. Déjà, il répond à une promesse de campagne faite par Obama de se rendre dans un pays musulman dans les cent premiers jours de son mandat, avec l'objectif affiché de donner un nouveau départ aux rapports entre son pays et le monde musulman[4]. Ensuite, il reflète également, en soi, l'importance géopolitique de la Turquie dans l'esprit d'Obama et illustre la considération qu'il développera dans les années suivantes, pour la Turquie et pour Erdoğan, qu'il a désigné, en 2012, comme l'un des rares dirigeants mondiaux avec lesquels il avait pu nouer « [...] des amitiés et des liens de confiance [...] » – et ce, paradoxalement, malgré des difficultés géopolitiques croissantes entre les deux États. Par ailleurs, le choix des visites présidentielles est élaboré après un processus qui peut être long mais en général en toute discrétion[5]. S'agissant du choix de la Turquie, on peut supposer que le président lui-même et ses conseillers ont joué un rôle primordial dans la décision. Toutefois, l'initiative peut aussi être venue du, ou avoir été fortement soutenue par, le département d'État, dont on sait que des pans importants sont alors très favorables à la Turquie et promoteurs d'une relation américano-turque forte. Ceci pourrait être confirmé par le fait que la visite présidentielle est annoncée

---

4 Tip Chipman, "Barack Obama Chooses Turkey for his first presidential visit to a Muslim nation", *The Telegraph*, 7 mars 2009.

5 Brendan Doherty, "POTUS on the Road: International and Domestic Presidential Travel, 1977-2005", *Presidential Studies Quarterly*, Vol. 39, Issue 2, June 2009, p. 346.

par la secrétaire d'État Hillary Clinton depuis Ankara, où elle a été invitée par son homologue Ali Babacan et où elle se trouve début mars 2009, pour une visite qui comprend aussi des rencontres avec le Premier ministre et le président turcs. Alors qu'elle annonce la nouvelle, elle indique également que la décision du voyage officiel d'Obama à venir a été prise formellement le 6 mars, c'est-à-dire assez tardivement (et alors que la secrétaire d'État américaine est déjà sur le sol turc)[6].

La visite d'Hillary Clinton qui, de fait, devient pour partie une visite préparatoire à celle du président Obama, se passe apparemment très bien. Selon ses propres mots, elle y « [...] a passé des heures à discuter avec Erdoğan, souvent accompagnée seulement par [le conseiller d'Erdoğan et futur ministre des Affaires étrangères Ahmet] Davutoğlu, [avec qui elle] a développé une relation de travail productive et amicale [...][7] ». Elle s'exprime par ailleurs, dans le cadre de remarques officielles, avec grand enthousiasme au sujet de la Turquie et du partenariat américano-turc. « J'ai une place spéciale dans mon cœur pour votre pays », dit-elle, avant de poursuivre : « La relation entre nos deux pays est une relation d'alliance, de partenariat et d'amitié[8]. » Dans un registre plus concret et géopolitique, quelques points importants sont abordés lors de cette visite, dont la question alors centrale du retrait des troupes américaines d'Irak ou encore celle de la tentative de rapprochement arméno-turc. Ce voyage permet ainsi de préparer la visite d'Obama dans d'excellentes conditions, comme le laisse entendre la secrétaire d'État américaine qui conclut ses remarques officielles évoquées plus haut en expliquant : « Lorsque je rentrerai chez moi, je dirai au président Obama qu'il trouvera un accueil chaleureux lorsqu'il viendra ici en Turquie, et qu'il trouvera, comme j'ai toujours trouvé, non seulement un État partenaire pour les défis et les opportunités auxquels nos deux pays sont confrontés, mais aussi un État ami à jamais et pour tous les défis à venir. »

---

6 Hillary Clinton, "Remarks with Turkish Foreign Minister Ali Babacan. Ankara, Turkey, March 7, 2009", U.S. Department of State, Former Secretary Clinton's Remarks, https://2009-2017.state.gov/secretary/20092013clinton/rm/2009a/03/120123.htm [22 mars 2021].

7 Hillary Clinton, *Hard Choices. A Memoir*, New York, Simon & Schuster, 2014, p. 345 (trad. aut.).

8 Hillary Clinton, "Remarks with Turkish Foreign..." doc. cit.

## Les enjeux du voyage vus de Washington

Les enjeux de ce voyage pour la nouvelle présidence Obama sont au carrefour du géopolitique, car il s'agit pour cette dernière d'établir le niveau et les perspectives de la relation américano-turque, et du symbolique, car Washington vise par cette visite à envoyer des signaux à un certain nombre d'acteurs. S'agissant des enjeux géopolitiques on peut considérer qu'ils sont d'abord d'ordre général, en lien avec le rôle que la Turquie, membre important de l'OTAN et allié historique des États-Unis, pourrait jouer dans la stratégie moyen-orientale de la nouvelle administration. Cette dernière, sur l'impulsion du président, souhaite donner un nouveau sens à la politique étrangère américaine, en tentant de maintenir le leadership international américain tout en maîtrisant au maximum l'effort géopolitique produit par son pays. Pour ce faire, suivant les idées de Zbigniew Brzezinski sur l'importance des États pivots et les grandes régions du monde[9], revisitées ensuite par de nombreux chercheurs et think-tankers[10], Obama et la secrétaire d'État Clinton souhaitent appuyer la grande stratégie américaine sur des « global swing states » et des États relais[11]. Dans ce cadre, la Turquie apparaît comme un des États à cibler en priorité, d'autant qu'il y a entre les deux pays un lien stratégique historique et perçu positivement à Washington. Dans le même temps, il est également nécessaire de s'assurer des bonnes dispositions de l'homme fort de la Turquie depuis 2003, Recep Tayyip Erdoğan, leader du parti de la justice et du développement (AKP), islamo-conservateur et parfois ambigu vis-à-vis de l'Occident et des États-Unis. Par ailleurs, les enjeux géopolitiques de cette visite sont également plus ciblés, en lien avec un certain nombre de dossiers concrets et immédiats dans le cadre desquels la nouvelle administration américaine souhaiterait

---

9 Zbigniew Brzezinski, *Le grand échiquier*, Paris, Hachette, 1997.

10 George Demko, William Wood (dirs.), *Reordering the World: Geopolitical Perspectives on the Twenty-First Century*, Boulder, Westview Press, 1999 ; Peter Katzenstein, *A World of Regions: Asia and Europe in the American Imperium*, Ithaca, Cornell University Press, 2005 ; Dale Walton, *Geopolitics and the Great Powers in the 21st Century: Multipolarity and the Revolution in Strategic Perspective*, Londres, Routledge, 2007 ; Daniel Kliman, Richard Fontaine, « International Order and Global Swing States », *The Washington Quarterly*, Vol. 36, No. 1, 2013.

11 Margaux Magalhaes, *Les États-Unis, la Turquie et l'UE. Du soutien américain aux ambitions européennes d'Ankara au délitement de la relation triangulaire (1993–2017)*, Thèse de doctorat en Relations internationales, Université Sorbonne Nouvelle – Paris 3, 2019, p. 268–269.

s'assurer le soutien d'Ankara. Parmi ces derniers, on peut mentionner : le conflit israélo-palestinien, pour lequel Obama dira, lors de sa visite à Ankara, qu'il pense que la Turquie pourrait jouer un rôle de médiateur important ; la question de la reconstruction de l'Irak après le retrait des troupes américaines voulu par Obama ; et la question de l'Iran dont le rayonnement et la nucléarisation doivent être contrôlés.

Si ces enjeux d'ordre géopolitique sont de première importance, le choix de cette visite officielle en Turquie répond également à des enjeux d'ordre symbolique, d'image et même, d'une certaine manière, communicationnels. En effet, il s'agit d'envoyer des messages et des signaux à un certain nombre d'acteurs. Tout d'abord, en Turquie même, où le niveau de popularité d'Obama, certes plus élevé que celui de son prédécesseur, reste bas et où une grande partie de la population est méfiante à l'égard des États-Unis[12]. C'est d'ailleurs clairement là un des objectifs américains : rencontrer la population turque et améliorer l'image de la superpuissance auprès de cette dernière, image fortement détériorée au terme de la présidence précédente. De même, le régime islamo-conservateur dominé par le premier ministre Erdoğan et son allié le président Abdullah Gül, s'est déjà montré critique à l'égard des États-Unis et d'Israël. Ankara n'a pas encore opéré le véritable durcissement de ses relations avec Tel Aviv, qui interviendra dans les mois qui suivront et sera symbolisé par l'affaire de la flottille turque de 2010[13], mais des infléchissements ont déjà eu lieu. L'idée, pour Obama, est donc de montrer son pays sous le meilleur des jours aux Turcs et à leurs dirigeants, de surfer sur la vague d'enthousiasme et d'espoir que son élection a déclenchée, et aussi, peut-être, de jouer sur l'*a priori* positif que la consonance musulmane de son second prénom (Hussein) a pu générer parmi la population turque[14]. Dans la même optique, le message envoyé au monde musulman dans son ensemble est évident, il a été exprimé pendant la campagne présidentielle de 2008 et sera répété à

---

12 "Global Opinion of Obama Slips, International Policies Faulted", Pew Research Center, 13 juin 2012, https://www.pewresearch.org/global/2012/06/13/global-opinion-of-obama-slips-international-policies-faulted/ [23 mars 2021].

13 En mai 2010, neuf militants pro-palestiniens, dont huit citoyens turcs et un citoyen américain d'origine turque, sont tués dans l'assaut par l'armée israélienne d'une flottille d'activistes qui tentait d'arraisonner à Gaza. Cet épisode entraine un refroidissement considérable des relations turco-israéliennes.

14 Ramazan Gözen, "Turkish-American Relations in 2009", *Perceptions*, Vol. 15, No. 3–4, 2010, p. 57.

nouveau dans les premiers mois de 2009 : si la présidence précédente a pu donner l'impression de nourrir une forme d'hostilité à l'égard du monde musulman, ce n'est absolument pas le cas de la présidence Obama. Ce voyage en Turquie a pour but de matérialiser cette volonté de faire table-rase des tensions passées, et de repartir sur de nouvelles bases.

Si le voyage est pensé dans une optique positive et est plutôt bien perçu parmi les soutiens américains (et internationaux) du président Obama, il interroge fortement parmi les quelques opposants de la Turquie à Washington, incarnés en particulier par les organisations arméno- et gréco-américaines et leurs amis, et au-delà, pose la question « des sujets qui fâchent » et de comment ils seront abordés ou non auprès des autorités d'Ankara. Ces sujets ou dossiers sensibles, se sont accumulés au fil des décennies et sont particulièrement nombreux à la veille du voyage d'Obama. Il s'agit en particulier de la question kurde, de la question chypriote, et de celle liée à l'Arménie et à la reconnaissance du génocide de 1915 (dont la commémoration annuelle est le 24 avril, soit à peine plus de deux semaines après les dates arrêtées pour le séjour présidentiel en Turquie). Plus généralement, la question lancinante des droits de l'homme et des minorités, dans un pays classé en 2010 par l'« Intelligence Unit » de *The Economist* 89e en termes d'indice de démocratie[15], et 122e en 2009, par Reporters sans frontières s'agissant de la liberté de la presse[16], demeure en arrière-plan.

## Les temps forts du séjour

En dépit des réserves émises par certains cercles minoritaires à Washington, nombreuses sont les attentes aux États-Unis, en Turquie et à l'international. Le programme de la visite, qui dure un peu moins de deux jours, est dense et prometteur. Il se répartit entre rencontres et discussions avec des officiels turcs et étrangers, échanges avec des membres de l'opposition turque, de la société civile et du monde religieux, et visites de lieux patrimoniaux. Comme souvent lors des voyages officiels, le séjour est très planifié. Après quelques journées importantes et déjà très denses

---

15 « Classement des États du monde par indice de démocratie en 2010 », Atlasocio.com, https://atlasocio.com/classements/politique/democratie/classement-États-par-indice-de-democratie-monde_2010.php [24 mars 2021].

16 « Classement mondial 2009 », Reporters sans frontières, Rsf.org, https://rsf.org/fr/classement-mondial-2009 [24 mars 2021].

en Europe occidentale, le président Obama quitte Prague, par avion, à destination d'Ankara, le 5 avril au soir. Il passe la première nuit de son séjour à l'hôtel Sheraton de la capitale turque. Le lendemain matin, une première rencontre avec Erdoğan et Gül a lieu[17], ainsi qu'une conférence de presse, donnée en compagnie de ce dernier. Obama y donne le ton du message principal qu'il souhaite exprimer : il considère la Turquie comme un État stratégiquement essentiel et comme une démocratie, avec laquelle il souhaite « bâtir un partenariat modèle [*model partnership*] [entre] une nation majoritairement chrétienne, une nation majoritairement musulmane – une nation occidentale et une nation à cheval sur deux continents.[18] » Lors de cette même matinée, le président américain visite également le mausolée où repose le fondateur de la Turquie moderne, Mustafa Kemal Atatürk. Cette étape est particulièrement importante car Atatürk est un symbole national. Ce faisant, Obama honore tout à la fois le peuple et l'expérience historique turcs. Il est entouré de quelques officiels mais n'effectue pas la visite en compagnie du chef de l'État ou de membres du gouvernement. Il dépose très solennellement, entouré de deux soldats turcs, une gerbe devant la tombe d'Atatürk, puis signe le livre d'or du mausolée[19]. Il se rend ensuite dans l'après-midi au parlement turc et effectue un long discours, important et attendu, devant la Grande Assemblée nationale de Turquie. C'est ce discours d'environ 25 minutes qui va véritablement permettre au président américain d'expliquer ses dispositions à l'égard du monde musulman et de la Turquie, ainsi que les contours du partenariat qu'il envisage avec ce pays. Dès les premiers instants d'un discours qui, la veille au soir, dans l'avion qui le mène Turquie, n'est pas encore achevé[20], le ton est donné. Obama explique : « Il s'agit de mon premier voyage outre-mer en tant que président des États-Unis. Je me suis rendu au sommet du G20 à Londres, au sommet de l'OTAN à Strasbourg et au sommet de l'Union européenne à Prague.

---

17 « Remarks by President Obama To The Turkish Parliament », The White House, Office of the Press Secretary, 6 avril 2009, Obamawhitehouse.archives.gov, https://obamawhitehouse.archives.gov/the-press-office/remarks-president-obama-turkish-parliament [24 mars 2021].

18 « Obama says U.S., Turkey can be model for word », Cnn.com, 6 avril 2009, https://edition.cnn.com/2009/POLITICS/04/06/obama.turkey/ [25 mars 2021].

19 « Barack Obama rend hommage à Mustafa Kemal Atatürk » (vidéo), *LeMonde.fr*, 6 avril 2009.

20 Ben Rhodes, *The World As It Is. A Memoir of the Obama White House*, New York, Random House, 2018, p. 43.

Certains m'ont demandé si j'avais choisi de continuer ma tournée par Ankara et Istanbul pour envoyer un message au monde. Et ma réponse est simple : Evet – Oui. La Turquie est un allié crucial[21]. » Puis, après être revenu de manière élogieuse sur le parcours historique de la République de Turquie et sur le caractère ancien et fort des relations bilatérales, il insiste sur la force du partenariat entre les deux États. Il souligne en particulier sa dimension sécuritaire et stratégique, les grandes perspectives de coopération diplomatique et géopolitique au Moyen-Orient, en particulier s'agissant du conflit israélo-palestinien pour lequel il évoque une solution à deux États, et de l'Iran. Il évoque également les aspects économiques des relations bilatérales. Le président envoie aussi de nombreux gages de soutien à la Turquie en exprimant par exemple un appui fort à l'adhésion turque à l'Union européenne. Les « sujets qui fâchent » ne sont toutefois pas totalement éludés. Obama y mentionne les droits de l'homme, les droits des minorités, le dossier kurde, le dossier arménien, et Chypre, mais il le fait avec prudence et en veillant à ne pas émettre de critiques directes à l'égard des positions d'Ankara. Au-delà de la Turquie, le président américain se sert de ce discours pour envoyer un message clair à l'ensemble du monde musulman. Sans nier les difficultés des années précédentes, il prononce une phrase forte, presque choc, visant à apaiser les tensions : « Les États-Unis ne sont pas et ne seront jamais en guerre avec l'islam. » Il indique aussi que si la lutte contre le terrorisme est primordiale, les relations qu'il souhaite établir avec le monde musulman dépasseront ce cadre et devront inclure des échanges économiques, des investissements, de l'aide au développement, et bénéficier aux peuples dont il est question. Au final, ce discours, qu'Obama achève en embrassant le premier ministre Erdoğan sur les deux joues[22], permet au président américain de passer de nombreux messages, plutôt bien reçus en Turquie et dans le monde musulman[23] – ce qui n'est pas très surprenant car le propos d'Obama est globalement positif, peu critique, et laisse envisager des perspectives d'avenir prometteuses. En marge de ce discours, Obama rencontre des leaders de l'opposition turque, dont Ahmet Türk, le leader du Parti de la société démocratique, pro-kurde, qui lui remet apparemment un rapport sur la question kurde en Turquie[24].

---

21 « Remarks by President Obama.... », doc. cit.

22 "Turkey and Barack Obama. Friends by the Bosphorus", *The Economist*, 11 avril 2009.

23 "Obama Speech Draws Praise in Mideast", *The Jerusalem Post*, 7 avril 2009.

24 "The DTP's 'Kurdish report' in President Obama's briefcase", *Hürriyet*, 11 avril 2009.

Très vite après cette séquence importante et particulièrement riche, le président Obama s'envole pour Istanbul où un programme chargé l'attend le soir même et le lendemain. Dès son arrivée à Istanbul, en fin de journée, il se rend au palais de Dolmabahce, sur les rives du Bosphore et y tient une réunion avec les ministres des Affaires étrangères turc et arménien, ainsi que Micheline Calmy-Rey, cheffe du Département fédéral des Affaires étrangères suisse, au sujet de la normalisation des relations entre la Turquie et l'Arménie. Enfin, de son hôtel stambouliote, la politique américaine n'étant jamais loin même en visite à l'étranger, il annonce des nominations de conseillers[25]. Puis, le lendemain, le 7 avril, Obama rencontre des autorités religieuses du pays, dont le Grand Mufti d'Istanbul, mais aussi les chefs spirituels des groupes minoritaires juif, grec orthodoxe (plus précisément le patriarche œcuménique de Constantinople, Bartholomé 1er), arménien et syriaque orthodoxe. Apparemment, le Grand Mufti, le Grand Rabbin, le patriarche arménien et l'archevêque syriaque sont rencontrés ensemble, tandis que le patriarche Bartholomé 1er est rencontré séparément[26]. Très peu d'informations filtrent sur ces rencontres mais on peut supposer que l'entretien en tête-à-tête avec Bartholomé 1er a été plus propice à de véritables échanges que la rencontre en groupe avec les autres chefs religieux (représentant, à l'exception du Grand Mufti, sunnite, des minorités très fragiles et historiquement persécutées, en particulier pour les Arméniens et les Syriaques). Puis, dans la foulée, le président Obama retrouve Erdoğan et ensemble ils visitent la basilique Sainte Sophie puis la mosquée Bleue. Dans l'après-midi, il se rend au centre Tophane-i Amire (ancien bâtiment ottoman reconverti en campus universitaire et centre culturel et artistique) et il y rencontre des étudiants. Les échanges avec ces derniers sont relativement longs et semblent fructueux. Obama y répète l'importance des relations américano-turques, insiste sur le fait que les peuples et en particulier la jeunesse des deux pays doivent en être partie intégrante, et participer à la lutte contre les conflits dans le monde. Face à certaines questions évoquant de manière plutôt hostile la question kurde ou le génocide arménien, il se montre très diplomate et peu contrariant[27].

---

[25] "Digest of Other White House Announcements, December 31, 2009", Administration of Barack H. Obama, 2009, Govinfo.gov, p. 24, https://www.govinfo.gov/content/pkg/DCPD-2009DIGEST/pdf/DCPD-2009DIGEST.pdf, [25 mars 2021].

[26] Steve Chaggaris, « Morning Bulletin No. 8211; Tuesday, April, 7, 2009 », Cbsnews.com, 7 avril 2009.

[27] "Remarks Of President Barack Obama At Student Roundtable In Istanbul", The White House, Office of the Press Secretary, 7 avril 2009, Obamawhitehouse.archives.

Puis, dans l'après-midi, il achève son séjour en Turquie et s'envole pour l'Irak, dernière étape de cette tournée européenne et moyen-orientale[28].

## Bilan et enseignements du voyage

Au final, ce séjour en Turquie apparaît comme particulièrement dense et riche, et est immédiatement présenté comme un succès par la presse internationale[29]. Cette visite permet au président américain d'envoyer les messages qu'il souhaite et il le fait apparemment sans aucun accroc. Ces messages sont plutôt bien reçus par leurs destinataires. Les autorités et élites turques se réjouissent que la centralité stratégique de la Turquie soit confirmée, notamment au travers de l'OTAN, mais également qu'Obama semble souhaiter donner un souffle nouveau à la relation bilatérale, ainsi qu'une plus grande amplitude. Plus tard dans l'année 2009, après le discours du président au Caire en juin, celui qui est alors devenu ministre des Affaires étrangères de la Turquie, Ahmet Davutoğlu, se réjouit de l'atmosphère nouvelle voulue par Obama et que les relations bilatérales visent à dépasser un cadre jusqu'alors perçu comme largement militaire[30]. Les études auprès de la population turque, très largement anti-américaine, montrent que la popularité des États-Unis et surtout celle d'Obama, augmentent assez nettement – tout en restant assez basses[31]. Au-delà de la Turquie, dans le monde arabo-musulman les réactions, notamment au discours d'Obama devant la Grande Assemblée nationale turque, sont également positives comme en témoignent les commentaires des ministres des Affaires étrangères syrien et égyptien, qui qualifient les propos du président américain d'« importants », « positifs » ou encore « pertinents et

---

gov, https://obamawhitehouse.archives.gov/the-press-office/remarks-president-barack-obama-student-roundtable-istanbul [25 mars 2021].

28 "Digest of Other..." doc. cit.

29 Voir par exemple : Ragip Duran, « En Turquie, Barack Obama faire un tabac », *Libération*, 7 avril 2009 et Waleed Aly, "Obama sheathes his sword and bows in respect to the Muslim world", *The Sydney Morning Herald*, 11 avril 2009.

30 Müge Kınacıoğlu et Aylin Gürzel Aka, "Turkish Perceptions of Turkey-US Relations During Obama's Presidency: Dialectics of Expectations / Partnership and Disappointments / Estrangement", in Matthias Maass (Ed.), *The World Views of the Obama Era. From Hope to Disillusionment*, Londres, Palgrave Macmillan, 2018, p. 149.

31 Müge Kınacıoğlu et Aylin Gürzel Aka, "Turkish Perceptions..." art. cit., p. 155.

crédibles »[32]. Par ailleurs, avec ce voyage, Obama soigne, d'une certaine manière, son image d'un président jeune, dynamique, différent et porteur d'espoir. Il est le premier président américain à effectuer ainsi un premier voyage dans un pays à majorité musulmane et il le fait avec facilité, presque naturel, en affichant une grande proximité avec les dirigeants du pays en question tout en montrant tout son intérêt pour la société civile, la jeunesse, les minorités religieuses et même l'opposition. Ainsi, il donne l'impression que les bonnes relations avec le régime n'empêchent pas des contacts avec la société dans sa pluralité, et donc un regard global sur le pays et la population. Les références à l'histoire et la culture ne manquent pas, tant dans les discours d'Obama que dans les visites qu'il effectue, et la rencontre avec les étudiants est symboliquement forte car le président montre qu'il souhaite se tourner vers la jeunesse et donc vers l'avenir.

Toutefois, en seconde analyse, le bilan global immédiat et *a fortiori* à plus long terme de ce séjour est plus nuancé. Tout d'abord, le caractère particulièrement novateur et remarquable de ce « premier » voyage officiel à l'étranger, et sans précédent dans un pays à majorité musulmane, peut être relativisé par le fait que, d'une part, la Turquie est un allié majeur et ancien des États-Unis et, d'autre part, la Turquie et les Turcs ne sont pas forcément représentatifs de l'islam en général et de l'islam sunnite en particulier. En d'autres termes, ce voyage officiel est novateur en soi mais les risques politiques et géopolitiques pris par Obama avec cette visite sont assez modérés. Par ailleurs, ce projet de voyage est visiblement d'emblée soutenu par le département d'État, ce qui facilite les choses pour la présidence qui n'a pas à aller à l'encontre de son administration, ni de la plupart des cercles washingtoniens tant la Turquie y fait alors consensus. S'agissant du contenu du voyage, les discours prononcés sont certes importants et clairs mais peu de détails sont donnés et les concepts (comme celui de « partenariat modèle ») ne sont pas vraiment explicités. Cela tient sans doute en grande partie aux contraintes mêmes de l'exercice, mais il peut être considéré qu'Obama était plutôt dans une logique communicationnelle que dans une optique de travail de fond – comme le laisse également à penser le fait que les réunions de travail sont peu nombreuses et que la délégation présidentielle, sur laquelle il est difficile de trouver beaucoup d'informations[33], n'est visiblement pas

---

32 "Obama Speech Draws Praise in Mideast", *The Jerusalem Post*, 7 avril 2009.

33 On peut souligner qu'il était initialement prévu qu'Obama soit accompagné en Turquie par son épouse Michelle. Cette dernière, qui était présente lors des escales en

considérable et n'inclut pas de ministres ou de secrétaires d'État. Enfin, les rencontres avec l'opposition et les leaders religieux ont certes lieu, mais sur des temps très courts et suivant des formats ne facilitant pas vraiment les échanges et la liberté de ton. Ceci est d'ailleurs critiqué par un des leaders de l'opposition, le nationaliste Devlet Bahçeli[34]. De même, les « sujets qui fâchent » sont certes évoqués par Obama, mais relativement à la marge et jamais de manière frontale. Ce n'est sans doute pas surprenant car cela aurait été délicat et potentiellement maladroit d'aborder ces questions de manière trop directe. Obama l'explique lui-même comme tel lors d'un échange avec un de ses conseillers, en évoquant avant son arrivée à Ankara ses hésitations à utiliser le terme « génocide arménien », tabou en Turquie, lors de son discours devant le parlement turc. Il dit alors à son conseiller : « Je ne pense pas que je devrais me tenir [devant les parlementaires] et faire ça devant leur parlement[35]. » Cette retenue et cette prudence, très diplomatiques, peuvent être mises au crédit du président américain qui se comporte déjà en homme d'État chevronné mais peuvent également lui être reprochées car elles tendent à montrer qu'il a perdu un peu de l'audace et de la capacité à faire de la politique autrement qui l'avaient rendu si populaire.

## Conclusion

Le voyage officiel de Barack Obama en Turquie, premier voyage bilatéral outre-mer du président nouvellement élu, donne le ton d'une présidence qui va tenter d'être différente de ses prédécesseurs, mais ne va pas forcément l'être. En 2009, ce voyage, ainsi que les autres mains tendues vers le monde musulman ou encore vers la Russie, dénotent des politiques de son prédécesseur et seront autant de gestes qui, même s'ils ne donneront pas toujours de résultats sur le long terme, permettront au président Obama d'obtenir le prix Nobel de la paix à peine un an après avoir pris ses fonctions. Mais, sur le fond, sa politique envers la Turquie n'est pas vraiment novatrice et, dans les années qui suivent, ne fonctionnera pas particulièrement. Tout en restant stratégiques, les relations bilatérales américano-turques se dégraderont assez inexorablement tout au long

---

Europe, a visiblement préféré rentrer aux États-Unis pour être auprès de leurs filles. "Michelle Leaves Obama Alone On Trip to Turkey", *Hürriyet*, 26 mars 2009.

34 "Obama to Meet Opposition Leaders Separately", *Bianet*, 3 avril 2009.

35 Ben Rhodes, *The World As It Is… op. cit.*, p. 43 (trad. aut.).

de ses deux mandats à la Maison-Blanche. La responsabilité de cette dégradation n'incombe pas uniquement à l'administration Obama. Cette dernière tente même de l'éviter et veille à ménager au maximum le régime d'Ankara. Cette altération d'ensemble est plutôt due au contexte géopolitique moyen-oriental du début des années 2010, avec la montée en puissance du groupe État islamique et l'instabilité en Syrie et en Irak, et aux excès et dérives autoritaires du régime d'Erdoğan qui cherche parfois à tirer parti de ce contexte géopolitique et affiche de plus en plus ses velléités hégémoniques régionales. Ces difficultés et les dérives d'Erdoğan, évidentes pour Obama à la fin de son second mandat[36] et qu'il semble même avoir pressenties dès ce séjour d'avril 2009[37], mais auxquelles il s'oppose peu, laissent à penser, après-coup, que le choix de la Turquie pour un premier voyage officiel n'était pas des plus judicieux. Ce choix ne porta néanmoins pas préjudice au président américain et participa d'une dynamique positive de début de mandat qui, si elle déboucha sur peu de progrès durables, permit de rompre avec la période George W. Bush.

---

[36] Jeffrey Goldberg, "The Obama Doctrine. The U.S. president talks through his hardest decisions about America's role in the world", *The Atlantic*, avril 2016, https://www.theatlantic.com/magazine/archive/2016/04/the-obama-doctrine/471525/ [29 mai 2021].

[37] Barack Obama, *A Promised Land*, New York, Crown, 2020, E-book, p. 346.

# TROISIÈME PARTIE

# ENTRETIENS

**Avec :**

Cédric Goubet, Haut-fonctionnaire, ancien chef de cabinet du président Nicolas Sarkozy, président de Safran Landing Systems

Yves Saint-Geours, Ancien ambassadeur, Président de l'Institut des Amériques.

Emmanuelle Pavillon-Grosser, diplomate, responsable du Service du Protocole à la Présidence de la République

Laurent Marchand, journaliste chez *Ouest-France*, rédacteur en chef délégué aux affaires européennes et internationales

# Interventions

## Cédric Goubet

*Vous avez exercé durant 3 ans (2007–2010) la fonction de chef de cabinet du président Nicolas Sarkozy, pouvez-vous nous expliquer comment se décide un voyage présidentiel ? Quel est votre rôle spécifique en tant que chef de cabinet durant la phase préparatoire et le déroulement d'un voyage ?*

Je commencerai tout d'abord par quelques propos liminaires sur le rôle du chef de cabinet par rapport à l'agenda présidentiel. Est-ce qu'il y a un agenda présidentiel et comment cela fonctionnait sous Nicolas Sarkozy ? Mon expérience remonte à une dizaine d'années en tant que praticien, mes propos portent sur ce que j'ai connu, je ne sais pas s'il faut en tirer des généralités.

Le chef de cabinet est au centre de l'élaboration de l'agenda présidentiel dans sa double dimension, nationale et internationale. C'est un agenda qui est forcément très politique au niveau de l'État et c'est un agenda qu'on s'efforce de construire et d'utiliser pour soutenir la communication, pour construire un récit, pour faire des séquences et tirer des fils directeurs avec plus ou moins de réussites mais c'est l'intention de la construction d'un agenda présidentiel dans sa dimension nationale comme dans son volet international. Puis, le chef de l'État est aussi une personne, il a sa personnalité, il a son style. On avait un agenda présidentiel avec Nicolas Sarkozy marqué par une soif d'initiatives, soif d'actions, un agenda extrêmement dense, extrêmement rythmé, avec une forte présence sur le terrain, dans les médias et la volonté aussi de préserver une grande flexibilité pour rester capable de répondre à tout événement national et international. Cela exigeait de la part des collaborateurs du chef de l'État et en particulier du chef de cabinet une grande capacité d'adaptation car il fallait construire et déconstruire en permanence et de façon fréquente, en tenant compte de la volonté de Nicolas Sarkozy comme de tout dirigeant, de ne pas être prisonnier de l'Élysée et de son agenda international, donc un agenda dense et très flexible, pour rester très présent dans sa relation avec les Français, très présent sur le terrain, sur les sujets nationaux. On était donc dans une tension qui était assez banale finalement au niveau de l'Élysée entre la volonté d'une forte présence sur les sujets nationaux, on essayait de tourner à la demande du président au rythme de un à deux déplacements en France par semaine, et la nécessité d'être un acteur important sur la scène internationale, nécessaire aussi quand on est président de la France à fortiori dans un monde globalisé avec des institutions de la République qui ont basculé sur le quinquennat. Le chef de l'État a tendance de plus en plus à être un super premier ministre avec des tensions entre les sujets nationaux et les sujets internationaux qui lui permettent d'acquérir et d'asseoir sa stature de chef d'État y compris aux yeux des Français.

Après ces propos liminaires, je vais répondre à cette question « comment se décide un voyage présidentiel ? »

Je distinguerai en effectuant une typologie des voyages internationaux. Vous avez les figures imposées, les incontournables de la vie politique internationale, quand vous arrivez à la présidence, vous héritez toujours d'abord de l'agenda international de votre prédécesseur, qu'on ne peut pas totalement bouleverser et vous devez, vous aussi construire votre agenda : les rendez-vous incontournables, les sommets du G7, de l'OTAN, la lutte contre le réchauffement climatique, les sommets de la francophonie, les sommets France–Afrique, etc. Se greffent là-dessus aussi des rendez-vous incontournables sur la scène européenne qui sont moins lourds, plus faciles à organiser, plus souples et qui ont souvent une trame unique de déroulement. Vous avez ensuite la catégorie des déplacements à l'international réellement pilotés que le chef de l'État avec son entourage et parfois les ministres vont décider de programmer et d'organiser dans son agenda, un certain nombre de visites officielles pour répondre à des invitations et des propositions de rencontres avec des chefs d'État pour des raisons qui nous semblent prioritaires. Une troisième catégorie de déplacements est celle qui est entre les deux, hybride, mi-pilotée, mi-imposée, ce sont les voyages qui sont décidés parce qu'il y a une urgence dans l'actualité, il y a une crise internationale et vu la place de la France dans le monde et en Europe et dans la régulation de la vie internationale, le président décide de se déplacer. Deux exemples, la crise en Géorgie en 2008 au moment où la France assurait la présidence de l'UE et la crise financière qui a bien sûr bousculé l'agenda présidentiel. C'est quelque chose que le chef de cabinet doit gérer et il n'y arrive pas toujours parce que les délais sont très courts, il y a beaucoup d'improvisations, il faut désassembler beaucoup de choses sur l'agenda ce qui suppose beaucoup d'énergie. Quelle que soit la catégorie de voyage, tout est décidé par le président, le secrétaire général et deux composantes prépondérantes plus que pour l'agenda national, que sont la cellule diplomatique et l'état-major particulier du président sur les aspects militaires et de défense. Le chef de cabinet donne son avis comme sur le plan national mais il est plus en position de maître d'œuvre qu'en position de maître d'ouvrage.

Comment se préparent et se déroulent les voyages proprement dits ?

Il faut décider une fois que l'on a un rendez-vous dans l'agenda de la délégation, tout cela se fait avec le secrétaire général, la cellule diplomatique, il faut penser qu'il y a aussi une puissance invitante, une souveraineté égale, un pays d'accueil, avec des dirigeants qui ont aussi un agenda politique, des objectifs donc il faut forcément composer. On est moins libre que lorsqu'on décide d'un déplacement sur la scène nationale. C'est un exercice assez différent, pas toujours très simple d'ailleurs que d'expliquer au président qui a aussi une certaine vision des choses. Il faut composer avec les interlocuteurs qui ne voient pas toujours les choses de la même façon. Dès que l'on a un premier projet de programme, il y a une réunion avec la cellule diplomatique, le protocole qui joue un rôle très important, c'est un service central du Ministère des Affaires Étrangères mais qui a un poste avancé au cœur de l'Élysée, normalement à proximité du service du chef de cabinet et qui joue un rôle important dans la préparation du voyage. Ensuite, il y a une revue avec le chef de cabinet, puis avec les chargés de la communication et de la presse et de la sécurité, cela passe ensuite par le secrétaire général, puis avec le président et aussi avec la puissance invitante. Ensuite, commence la préparation proprement dite, le protocole, la communication et la sécurité vont se projeter dans le pays visité et finaliser d'une façon très concrète la préparation en s'appuyant aussi sur les services des ambassades.

La préparation se déroule dans des conditions différentes en fonction de la puissance invitante, il y a des pays avec lesquels cela se passe toujours bien et d'autres avec lesquels c'est plus difficile, par exemple avec les États-Unis d'Amérique, c'est toujours très compliqué d'abord parce que c'est un pays qui n'a pas l'habitude qu'on essaie de lui imposer des vues différentes des siennes, et il y a toute la dimension du « secret service », les questions de la sécurité du chef d'État américain et de celui qui est accueilli.

Après il y a le déplacement lui-même, le chef de cabinet en règle général ne participe pas au voyage parce qu'il a lui-même tout un agenda dont il doit poursuivre la construction et la préparation. Il a beaucoup de travail à faire en France mais le président Sarkozy tenait à ce que je l'accompagne pour les voyages longs avec des décalages horaires pour continuer en temps réel à interagir avec son chef de cabinet et ses proches collaborateurs, il souhaitait travailler avec nous. D'une manière générale, les choses sont assez balisées et se passent conformément à ce qui a été décidé avec la puissance invitante. Mais il y a toujours des impondérables, pour l'anecdote, je me souviens, d'une tournée en Afrique, un départ un dimanche soir assez tard avec l'avion présidentiel qui était à l'époque l'A319 Airbus où il y avait eu des problèmes importants au décollage pour le moteur, puis la visite d'État en Chine en novembre 2007 écourtée à la fin parce qu'il y avait une flambée urbaine en région parisienne à Villiers-le-Bel qui commençait à prendre une certaine proportion. On était à Shanghai et le président Sarkozy a décidé d'écourter son voyage et de rentrer. Le président peut décider aussi de modifier le programme, ajouter tel ou tel événement, telle rencontre, ce qui conduit sur place à quelques acrobaties pour ne pas dépasser les horaires prévus.

## Yves Saint-Geours

*Yves Saint-Geours, historien spécialiste de l'Amérique latine, vous avez mené aussi une carrière dans la diplomatie et occupé le poste d'ambassadeur dans différents pays (Bulgarie, Brésil, Espagne), vos fonctions vous ont conduit à prendre part à la préparation des voyages présidentiels. Pourriez-vous expliquer le rôle de l'ambassadeur dans la préparation des voyages et durant le séjour du président ? Quel regard portez-vous sur les voyages des différents présidents ? Y-a-t-il des spécificités des pays d'accueil que vous pourriez souligner ?*

Avant même d'être ambassadeur, j'ai participé à des voyages présidentiels, notamment à un voyage du président François Mitterrand en 1989. Je n'étais pas encore diplomate ; j'ai eu une autre vie avant, d'universitaire. C'était dans les Andes, au Venezuela, en Équateur, et il y a eu aussi un détour par la Colombie où le Président a décidé de faire un crochet, car c'était un moment très aigu de violence dans ce pays. Là, je rejoins Cédric Goubet, cela pose de considérables problèmes d'organisation car tout doit être très normé, très encadré, et sécurisé. Je participais comme invité parce que je suis un peu spécialiste des Andes, et les voyages de François Mitterrand, notamment les visites d'État, c'était…, on l'a souvent dit, vraiment impressionnant et même chic ; il y avait un « train des équipages », on y allait en Concorde, avec un grand nombre de personnes conviées et des effets de cour. J'ai appris à cette occasion quelque chose de très important pour qui participe à un voyage des présidents, un principe de base : il faut « coller au peloton » parce qu'effectivement tout est concentré sur le président de la République, moins sur les ministres et beaucoup moins sur tout le reste. Il faut très souvent suivre un train protocolaire de voitures (surtout bien repérer quel véhicule on doit prendre), etc., et cet aspect concret des choses a une certaine importance, notamment dans le travail de l'ambassade qui, elle, doit participer à la logistique, contribuer à l'élaboration des cortèges, aider au repérage des lieux. « Coller au peloton » c'est un principe de base que j'ai toujours communiqué à mes collaborateurs au moment où nous préparions des voyages des présidents ou des Premiers ministres, afin que des personnes de la délégation ne restent pas « en rade », pris dans quelque encombrement (fatal puisque la circulation est bloquée pour tous ceux qui ne sont pas dans le premier cortège).

Il y a plusieurs types de voyages, voyages d'État avec toutes les « figures imposées » qui supposent des dépôts de gerbe, des échanges de décorations, des grands dîners de gala (pour lesquels l'ambassade propose des listes d'invités), des réceptions de la communauté française (passage obligé quelle que soit la nature du déplacement), et il y a les visites de travail un peu (quoique) plus légères, ou des réunions plus ponctuelles. Les visites d'État sont toujours un moment fort dans la mémoire des relations bilatérales. Cela dépend aussi des circonstances dans lesquelles la visite a lieu. À Sofia, on garde le souvenir du petit déjeuner (janvier 1989) de François Mitterrand avec les dissidents bulgares, à l'ambassade de France, quelques mois avant la chute du Mur de Berlin.

J'ai participé à plusieurs visites d'État, en particulier avec le président Sarkozy, en 2009, quand il est venu au Brésil juste avant que je devienne ambassadeur. Le président Hollande est venu également. Dilma Rousseff était alors présidente, mais Lula a souhaité voir François Hollande, et il a fallu adapter le programme. En Espagne, j'ai vécu un sommet bilatéral à Malaga, qui mobilise beaucoup l'ambassade et est assorti d'événements qui dépassent les réunions de travail, une visite du Président Hollande, une visite de travail du Président Macron (mais avec un dîner officiel offert par le Roi) et une de M. Philippe. Lors de sa visite, le Président

Macron a passé la nuit à la résidence de France, ce qui naturellement exige un travail de préparation spécifique, en particulier pour la sécurité.

L'ambassadeur dans un pays d'une certaine importance voit souvent les présidents ou ministres car il y a de nombreuses échéances, mais celles-ci sont très différentes les unes des autres. Il va de soi qu'en Europe, quand j'étais ambassadeur en Bulgarie ou en Espagne, il peut y avoir des visites d'État mais il y a aussi des sommets bilatéraux et multilatéraux, des échanges plus ponctuels. Pour un pays plus lointain comme le Brésil, où j'ai eu trois visites, deux fois Nicolas Sarkozy et une fois François Hollande, les choses pouvaient avoir un sens diplomatique différent. La visite d'État du président Sarkozy en 2009 avait des enjeux politiques très forts concernant les relations avec les grands pays émergents, sur les questions industrielles, d'armement, sur des considérations géopolitiques importantes. Il est revenu quelques mois plus tard, juste pour parler de la COP sur le changement climatique qui allait se tenir à Copenhague, celle qui a malheureusement échoué. C'était à Manaus : quelques heures d'entretiens pour lesquelles le président a spécialement traversé l'Atlantique, afin de voir un interlocuteur choisi, de traiter de sujets précis, concrets, dans une négociation multilatérale fondamentale pour laquelle le Brésil avait un rôle majeur. De la même façon, le président Hollande est venu quelques semaines après son élection en 2012 pour le sommet Rio+20, dans la logique de la future Cop 21, encore une fois dans des dispositifs spécifiques. Il y a donc beaucoup de différence entre les déplacements ; les rencontres européennes n'ont pas le même sens que celles avec les grands émergents comme le Brésil. François Fillon, premier ministre est aussi venu au Brésil. Le Brésil était à cette époque un partenaire qui mobilisait beaucoup le projet géopolitique français.

Quel est le rôle de l'ambassade dans la préparation des voyages ?

Quand c'est une visite présidentielle, l'ambassade est en « back office » logistique, très sollicitée bien sûr, mais elle n'est pas le vrai pilote de ce qui va se produire sur le terrain. C'est le Protocole diplomatique et la sécurité (Service de la protection-SDLP notamment) qui maîtrisent le dispositif. Il y a les visites préliminaires, les précurseurs. Dans la préparation, le rôle et la place de la presse et des médias sont toujours une préoccupation essentielle.

L'ambassade est toujours là pour être en appui mais n'est pas véritablement l'actrice principale de la préparation pratique du voyage. Cependant, et très naturellement, l'ambassadeur a le sentiment de jouer sa carrière à chaque voyage, et le diable se niche dans les détails. Et il y a de très nombreux détails !

Si elle n'est pas le pilote de la visite, l'ambassade est néanmoins très tôt mobilisée sur le plan politique : on attend d'elle des propositions pour le voyage à partir de l'idée que la cellule diplomatique de l'Élysée s'en fait, en lien avec le ministère des Affaires étrangères, sur des contenus, des étapes utiles, des textes à formaliser. On va signer un certain nombre d'accords, et procéder à des actes symboliques et/ou visibles : par exemple au Brésil, le Président Sarkozy a posé la première pierre d'un nouveau lycée français, ouvert le chantier d'un tramway, et il y a bien sûr les « grands contrats ». Bien entendu, on essaie de co-construire l'agenda avec les dirigeants du pays hôte et, de ce point de vue, l'ambassade a un rôle essentiel.

Par ailleurs, il y a tous les documents qu'il convient de préparer pour informer et orienter : il faut écrire un « cadrage » parlant à la fois des enjeux, des personnes qu'on va rencontrer, de la situation du pays, de ses rapports avec la France. En réalité, quand il y a un voyage, toutes les forces de l'ambassade sont concentrées sur le voyage et, je m'empresse de le dire, les forces d'une ambassade c'est très peu de monde. En Espagne, ce sont 5 personnes, ambassadeur compris, au Brésil, on était six personnes, donc une petite équipe qui constitue ce qu'on appelle la « chancellerie diplomatique ». Il y a par ailleurs les services culturels, économiques, consulaires, de sécurité, etc., beaucoup de personnes dans la nébuleuse de l'ambassade, et tout le monde est mobilisé, mais l'équipe de construction des programmes et de rédaction des papiers est très réduite. Elle va cadrer le voyage en quelque sorte, dans un dialogue permanent avec, d'une part le pays d'accueil pour voir ce qu'on peut faire ensemble, et d'autre part, avec les autorités à Paris, la cellule diplomatique de l'Élysée (ou Matignon quand c'est le voyage d'un Premier ministre). La relation personnelle entre les chefs d'État (ou de gouvernement) a une consistance particulière : c'est donc très important de parvenir à réaliser dans de bonnes conditions cette rencontre. Beaucoup de choses dépendent de cela; c'est lié à la psychologie, aux rapports entre les personnes. Pour l'expérience que j'aie eue au Brésil par exemple, M.M. Lula et Sarkozy s'entendaient très bien. En Espagne, M. Sanchez et M. Macron. Le voyage prend une forme différente dès lors que la relation est bonne car, comme je l'ai souligné précédemment, tout est concentré sur les dirigeants, qui font partie d'un club où, en Europe, on se tutoie et l'on s'appelle par son prénom.

## Emmanuelle Pavillon-Grosser

*Vous êtes actuellement responsable du Service du Protocole à la Présidence de la République. Pourriez-vous nous expliquer comment fonctionne la structure interministérielle du Protocole pour l'organisation des voyages du président Macron ? Quel est votre rôle à l'Élysée au cours de la phase préparatoire et durant le séjour proprement dit ?*

J'ai la chance d'être en charge du protocole à l'Élysée ce qui signifie concrètement que l'on s'occupe de tout ce qui est international dans l'agenda du président, que ce soient des personnalités étrangères qui viennent voir le président à l'Élysée ou ailleurs en France ou que ce soit à l'inverse le président qui se déplace à l'étranger. Le bureau est sous l'autorité du chef du protocole. Ce dernier a ses bureaux au Quai d'Orsay mais est à la tête de tout ce qui se passe en France d'un point de vue protocolaire, qu'il s'agisse de Matignon, du ministère des Affaires étrangères ou de l'Élysée.

Concrètement à l'Élysée, nous sommes une petite cellule qui est chargée de préparer tous les déplacements notamment à l'étranger. Je vais devoir dire les choses un peu différemment de ce qu'a dit Cédric Goubet, vu que le fonctionnement a un peu évolué depuis l'époque du président Sarkozy. Désormais, la chefferie de cabinet n'intervient, à l'international, que pour inscrire les déplacements dans l'agenda du président, ce qui n'est pas une mince affaire car il y a beaucoup de choses en concurrence, mais tout le reste revient au protocole qui a un rôle de coordinateur de tous les services de l'Élysée et, au-delà, avec tous les services en France lorsqu'il s'agit d'accueillir une personnalité étrangère.

Concrètement, comment se passe la préparation d'un voyage présidentiel ? La première étape est d'avoir une date fixe et je suis tout à fait d'accord avec ce qu'a dit Cédric Goubet, c'est souvent un défi. Quand on a une date de sommet fixe, c'est facile. Quand à l'inverse vous avez une proposition faite par la cellule diplomatique de voyage bilatéral, cela devient compliqué parce qu'il faut obtenir une date qui ne soit pas en conflit avec l'agenda national. Il faut avoir une date et un premier projet de programme de la part de la cellule diplomatique qui, elle, s'appuie sur les ambassades, les directions géographiques et le ministère des Affaires étrangères de façon générale. Une fois que l'on a ce premier projet, on essaie, mais ce n'est pas toujours possible, d'avoir une première réunion avec le conseiller, ou la conseillère, de la cellule diplomatique en charge du dossier et quelques services qui seront en première ligne pour la préparation du voyage, pour se mettre d'accord sur les séquences que l'on va essayer d'obtenir de la part du ministère des Affaires étrangères et sur l'objectif final non seulement en termes politiques mais aussi de communication. Pour le président Macron comme pour les autres présidents, car j'ai eu la chance d'accueillir le président Hollande à Washington juste après son élection, la première étape est d'avoir un projet de programme qui colle et que la cellule de communication de l'Élysée puisse donner son avis dessus. La deuxième étape est de trouver une date de mission préparatoire qui convienne aux autorités étrangères, donc on passe par les ambassades pour la fixer. Dans l'idéal, la mission a lieu au minimum trois semaines avant le déplacement, mais quand il y a eu l'explosion dans le port de Beyrouth par exemple, on n'a pas eu ces trois semaines donc nous nous sommes contentés d'envoyer quelques précurseurs quelques jours avant. Dans un monde idéal, on envoie d'abord la mission préparatoire qui rassemble l'ensemble des services concernés, la sécurité, le médecin, souvent son adjoint, la communication, ainsi que le service de production des événements pour définir le cadre et les objets matériels dont on aura besoin, pour une conférence de presse qui n'est pas organisée par les autorités étrangères, ou quand il y a des rencontres avec la société civile ou avec des étudiants. Le service de la production a besoin d'intervenir pour bien déterminer en amont s'il faut envoyer du fret, des pupitres, un fond de scène, regarder si telle ou telle salle correspond aux besoins de l'événement. On part également avec un coordinateur de la télévision qui est soit de TF1 soit de France TV et qui sera chargé de regarder si le débit en termes de réseaux convient pour un direct ou pour la transmission des images dans la foulée, près de l'endroit où se trouvera le président.

En termes clairs, cela représente une douzaine de personnes, en incluant, côté protocole, un agent et moi-même puisque je dirige les délégations lors des missions préparatoires. L'agent sera en charge de récolter toutes les informations des différents services et de s'assurer que tout colle en termes logistiques de manière générale. En général, nous ne pouvons pas envoyer le chef du protocole en mission préparatoire parce qu'il a d'autres sous-directions à superviser et qu'il est impossible humainement pour lui de faire et la mission préparatoire et le voyage lui-même, lorsque le rythme est « normal ».

Mon rôle est donc de superviser cette mission préparatoire et que tout soit prêt pour le chef du protocole quand il accompagnera le président de la République, pour qu'il soit au clair avec tout ce qui a été préparé et qu'il n'y ait pas de mauvaise surprise.

Une fois arrivés dans le pays, nous procédons notamment à un repérage en termes de sécurité : il faut prévoir tous les déplacements que le président fera une fois sur place, repérer des immeubles qui peuvent poser problème, des endroits où des bains de foule peuvent être un peu compliqués comme par exemple à Jérusalem.

La question se pose aussi en termes d'image, donc, il nous arrive de modifier les projets de programme pendant la mission préparatoire.

Pendant cette mission, un représentant de l'intendance est chargé de regarder tout ce qui est restauration pour le président mais aussi pour la délégation car il y a eu dans le passé des petits problèmes d'alimentation qui ont rendu malade la délégation. C'est le rôle de l'intendance de visiter les cuisines où seront préparés les repas pour le président et sa délégation et de réserver les lieux et les menus pour la délégation.

Sur place, on est aussi en négociation avec les autorités locales, avec le soutien de l'ambassade, pour négocier certains aspects qui pourraient être compliqués dans le programme, par exemple en termes d'accès. Lors d'une visite en Chine à l'occasion d'une exposition internationale sur le Commerce extérieur il y a deux ans, les autorités locales nous avaient imposé un nombre terrible de badges, différents pour quasiment chaque salle, avec des sur-badges et des stickers par-dessus. Durant ce voyage officiel que j'ai fait en remplacement du chef du Protocole, je me rappelle avoir passé de longues heures à négocier des badges avec les autorités chinoises.

Toutes ces questions concernant les accès peuvent être compliquées, en raison du nombre de personnes accompagnant le président, mais aussi parce que nous ne sommes pas toujours bien accueillis. Pour dire les choses clairement, nous faisons quelque fois face à de la mauvaise volonté de certains interlocuteurs étrangers qui refusent de faire entrer une grosse délégation. Et ce n'est pas forcément à l'autre bout du monde que cela se passe, cela peut arriver en Europe. Tout cela se négocie et si on peut le faire durant la mission préparatoire c'est formidable. L'idéal est que le maximum de choses soit calé dès la mission préparatoire, que chacun ait pu tout vérifier (la sécurité, l'intendance, mais aussi le médecin, qu'il ait pu visiter les hôpitaux recommandés par l'ambassade au cas où il arriverait quelque chose au président ou à quelqu'un de la délégation).

Durant la mission, je reste en contact avec le conseiller de la cellule diplomatique pour lui rendre compte tous les jours de ce qui se passe. En rentrant, idéalement, nous avons une réunion avec le président qui a pu également avoir eu lieu avant la mission préparatoire pour fixer définitivement le programme.

Enfin le rôle du protocole est aussi de récupérer toutes les informations dont l'ambassade aura besoin pour tous ses homologues ; les passeports, les numéros de vols pour les précurseurs qui arriveront, toutes les informations en termes de cortège, de restrictions alimentaires aussi, pour donner aux interlocuteurs étrangers la liste des aliments que le président ne supporte pas et éviter qu'un repas ne présente de risque pour lui, son épouse et le reste de la délégation.

Lorsqu'on arrive au voyage lui-même, c'est le chef du protocole qui a pour mission de guider le président dans toutes les séquences, qui va lui dire qui il va voir, à quel moment, avec qui il va discuter, dans quelle langue et avec quels membres de la délégation avec lui.

Les missions préparatoires sont composées de 12 personnes représentant l'ensemble de services. Mais la cellule est toute petite puisque j'ai six agents et deux assistantes sous mon autorité. C'est assez peu, les agents sont donc, en temps normal, sans arrêt en train de préparer soit une visite, soit une mission, soit les deux !

## Laurent Marchand

*En tant que journaliste, vous avez couvert plusieurs voyages de chefs d'État. Comment s'organise la couverture médiatique de ces événements ? Relevez-vous des changements depuis l'apparition des nouveaux médias (chaînes d'information en continu, réseaux sociaux) ? D'un président à l'autre, les relations entre l'Élysée et la presse lors de ces événements sont-elles restées les mêmes ?*

J'ai eu la chance d'être correspondant à Rome et j'ai couvert beaucoup de voyages avec le pape, autrement dit avec un chef d'État pas tout à fait comme les autres. Du point de vue du protocole, c'est passionnant car c'est une autre dimension et j'ai couvert des voyages du président italien qui n'a pas un pouvoir exécutif fort comme le président de la France mais qui a aussi une dimension symbolique très forte dans la conscience nationale italienne. J'ai connu la fin de la présidence de Chirac mais surtout celles de Sarkozy, Hollande et Macron.

Je vais vous parler du fonctionnement, puis dans un deuxième temps, de mon regard sur les 15–20 dernières années marquées par une incroyable accélération et les dommages collatéraux, c'est mon point de vue, que cela peut avoir.

Concernant le travail des journalistes, on ne se rend pas toujours compte de l'extérieur de la très grande variété d'exigences en termes de couverture selon les médias d'appartenance des journalistes. Le journaliste de radio ou de télévision ne pense qu'à une chose, le direct qu'il fera une fois sur place. L'agencier a une responsabilité particulière, écrire des dépêches dans l'urgence qui sont fondamentales car elles sont reprises par des centaines, voire des milliers de médias, donc c'est un poids sur la précision des informations qu'il faut assurer. Les journalistes radio sont un peu plus souples que les journalistes tv mais ils ont toujours des échéances de directs et de matinales qui sont très lourdes aussi. Les journalistes de presse écrite ont un rythme un peu différent, ils ont un regard plus extérieur, ils sont moins prisonniers de ces contraintes techniques, ils peuvent aller partout, notamment sur les événements officiels qui exigent de pouvoir témoigner directement, et non en regardant un écran, comme c'est malheureusement de plus en plus le cas.

Il est important d'avoir à l'esprit cette variété des pratiques journalistiques, qui n'interdit pas, durant les voyages officiels, une forme d'esprit coopératif entre les journalistes. Il y a plutôt une atmosphère d'entraide comme entre les personnels des ambassades car il y a une urgence, tout est important et doit être résolu au plus vite.

La couverture d'un voyage type se déroule ainsi : Il y a d'abord un briefing avec le chef de la cellule diplomatique de l'Élysée pour nous parler avant du voyage. Ensuite, on voyage dans un avion de ligne si c'est une destination facile ou dans un avion affrété spécialement pour regrouper toute la logistique si c'est un grand voyage lointain avec plusieurs pays à visiter, ou plusieurs étapes dans un même pays. Puis, sur place chacun a un contact avec la cellule de communication qui est l'interface avec les journalistes, ils sont en permanence en contact avec elle. Il y a aussi un briefing ou deux avec le président pendant le voyage, souvent à l'ambassade où il rencontre la communauté française, il y a une conférence de presse avec les journalistes du pays hôte et les journalistes français, incontournable, il y en a une par voyage. Enfin, il y a aussi des moments où on peut croiser le président pour échanger quelques mots mais ils sont de plus en plus rares pour des questions de sécurité ou à cause du rythme des voyages qui s'est accéléré. Le journaliste essaie de récupérer les informations qu'il peut. C'est le jeu du chat et de la souris avec l'Élysée, parce qu'il y a évidemment les informations qu'on vous donne, celles qu'on laisse deviner, celles qu'on découvre en cours de route, il y en a qui n'étaient pas prévues non plus, y compris par l'Élysée, donc on est tous aux aguets en permanence. Cette variété me paraît fondamentale à saisir quand on parle du métier des journalistes.

Je passe tout de suite au deuxième point, à savoir l'indéniable accélération du rythme des voyages, qui sont plus nombreux et durent de moins en moins longtemps. On a tous en tête les longs reportages télévisés rendant compte des voyages de De Gaulle, Pompidou jusqu'à Chirac, il y avait avec ces présidents un rythme différent. Il y avait aussi une curiosité plus authentique, on voyait beaucoup de choses des pays visités alors qu'aujourd'hui, on est vraiment dans une course contre la montre permanente. Cette accélération des voyages tient bien sûr à l'évolution de l'agenda international lui-même, mais il faut bien admettre que tout cela se fait au détriment du travail de tout le monde, de mon point de vue. Les voyages présidentiels ménageaient beaucoup plus d'espaces notamment pour les étapes culturelles des visites. On était en outre moins saturé d'informations audiovisuelles aussi. La présidence a beaucoup perdu selon moi à cette accélération des voyages.

Le quinquennat joue aussi beaucoup dans cette évolution, car il a aplati la figure présidentielle sur une figure politique. On le ressent très nettement en tant que journaliste, il n'y a pas que le cabinet qui s'exporte lors d'un voyage, c'est la scène médiatique parisienne qui s'exporte dans les pays. La polémique avec les journalistes qui a commencé au tout début de la présidence Macron est significative, le président avait exprimé le souhait de voir des journalistes rompus aux questions internationales l'accompagner dans ses déplacements, mais cela a immédiatement été ressenti comme une intrusion indue.

Les présidents Sarkozy et Hollande ont réduit énormément la part culturelle des visites, le fait de prendre un peu plus de temps pour des aspects qui donnaient un peu de chair aux voyages officiels, pour mille raisons. Il y a de bonnes raisons à cela, bien sûr, les crises à répétition, crise économique, attentats ou autre. Emmanuel Macron a manifesté le souhait de renouer avec cette approche précédente, mais il n'y parvient pas pour autant car les contraintes sont fortes.

La rupture s'est produite après Chirac, le timing ne le permet plus. Pour les journalistes, certains voyages ne sont donc plus intéressants.

La formule idéale que j'ai pu expérimentée c'est aller trois jours avant dans le pays, travailler sur place pour avoir des contacts, puis prendre la caravane en marche quand elle arrive et là vous avez les deux, vous avez la dimension du voyage et en même temps vous êtes dans le rythme avec le président. C'est l'idéal pour les journalistes. Le problème est que la couverture médiatique des voyages présidentiels est devenue très chère pour des médias qui ont de plus en plus de problèmes financiers.

Un autre fait à signaler est que, jusqu'à Chirac, il y avait un porte-parole de l'Élysée qui était une interface avec les journalistes. Catherine Colonna qui remplissait cette fonction sous Jacques Chirac a eu un successeur très éphémère, puis la fonction a été supprimée et personne n'a levé le petit doigt pour la rétablir. À la Maison-Blanche, il y a un porte-parole qui rend des comptes de manière quotidienne. En France, et c'est là encore un effet du quinquennat, il y a un chef de la communication mais il n'y a plus de porte-parole et cela change beaucoup. Catherine Colonna était une diplomate, elle était informée et tamisait en quelque sorte l'information avec les journalistes dans un rapport de confiance. C'était une approche intelligente, si j'ose dire, de ce qui pouvait se dire, ne pas se dire, jusqu'où on pouvait s'aventurer. On est plus dans la communication depuis Nicolas Sarkozy. C'est lié aussi à l'air du temps, à partir du moment où cela a basculé, cela s'est encore plus politisé car la confiance se réduisant, le moindre dérapage se paie cher du côté du président. Je pense que cela s'est fait au détriment de toute une culture institutionnelle et protocolaire et même de l'approche purement culturelle de certains pays qu'on visitait.

Aujourd'hui, j'ai le sentiment que la dimension symbolique du président comme représentant de la nation a largement disparu, c'est le président d'un parti et cela se ressent de manière négative, tout le monde y perd. Le langage institutionnel a son histoire et savoir jouer de son histoire peut être un message politique, mais aujourd'hui on est plus dans la communication politique alors que, paradoxalement, les voyages présidentiels apparaissent à peine dans les journaux télévisés. C'est curieux parce qu'il se passe quelque chose à chaque voyage, et on n'en parle très peu, finalement.

Cette accélération a énormément pénalisé aussi les contacts avec les invités du président au sein de la délégation officielle qui l'accompagne. On n'a plus le temps de parler avec eux, ou très rarement, lorsque le voyage dure trois jours, comme les visites d'État aux États-Unis par exemple. C'est au fond un mauvais calcul en termes de communication, car cela réduit la surface d'intérêt du voyage lui-même, et donc la couverture médiatique.

## Echanges avec les intervenants

**Andreï Kozovoï** : j'aurais une question relative à la Russie, j'ai entendu tout à l'heure que les relations avec les Chinois étaient difficiles, j'aimerais savoir si les relations avec les services protocolaires russes sont difficiles également. Peut-on avoir un témoignage sur la visite de Vladimir Poutine en France, notamment à Brégançon ?

**Emmanuelle Pavillon-Grosser** : Pour ce voyage précisément j'étais en vacances mais d'après mes collègues, et de façon générale, ce n'est pas forcément simple d'accueillir les autorités russes parce qu'il y a des questions de sécurité qui sont très fortes. À Brégançon, l'accueil est toujours compliqué car le fort est composé d'une partie privée et d'une partie publique où le président peut recevoir des personnalités. Quand vous devez prévoir aussi les effectifs des collaborateurs et des membres de la sécurité russe, ce n'est pas facile à organiser. Par contre, j'ai eu l'occasion de recevoir Vladimir Poutine à Paris pour les obsèques de Jacques Chirac, et là il n'y a pas eu de difficultés particulières et il y avait pourtant un grand nombre de chefs d'État à accueillir.

**Agnès Tachin** : Comment se déroule la couverture médiatique des voyages présidentiels depuis le départ d'Évelyne Richard qui en a assuré la coordination à l'Élysée depuis la présidence de Georges Pompidou ?

**Laurent Marchand** : Elle n'a pas été remplacée à ce poste. Du point de vue des journalistes, on le ressent. Je vous donne un exemple : à la Maison-Blanche en 2018, la rencontre entre Trump et Macron était tendue en raison de l'accord sur le nucléaire iranien, les deux dirigeants arrivent pour la conférence de presse, les photographes du pool présidentiel suivent mais toutes les places sont prises par les photographes américains et là, dans la délégation des journalistes, tout le monde a pensé à Évelyne Richard. Dans un tel moment, on sait qu'elle aurait su obtenir de ses homologues américains trois places pour les photographes français comme pour les photographes américains pour une question de parité. Du point de vue des journalistes, on a perdu une figure de poids, il y a beaucoup de jeunes mais qui manquent d'expérience pour s'imposer, parler avec les services de sécurité israéliens, américains ou chinois, ce n'est pas évident. Elle connaissait bien ses interfaces dans les services de sécurité ce qui a souvent permis de résoudre des problèmes.

**Emmanuelle Pavillon-Grosser** : L'Élysée affecte, en effet, un ou une, voire deux attaché(e)s de presse par déplacement, et effectivement ce sont en général des personnes jeunes, qui sont censées faire le travail que faisait Évelyne Richard, sachant qu'il y a également, les conseillers en communication. La dichotomie peut paraître un peu compliquée à gérer, mais tout changement demande du temps.

**Laurent Marchand** : Pour le protocole, j'aimerais renverser la question, est-ce que vous ressentez aussi cette accélération du rythme dans votre travail et est-ce qu'elle pénalise aussi le message politique ?

**Emmanuelle Pavillon-Grosser** : Pour le message politique ce n'est pas mon rôle mais pour l'organisation, il est vrai que l'agenda est très chargé et la succession de rencontres avec les dirigeants du pays que souhaite le président en dehors des entretiens officiels est compliquée à gérer. Le président aime discuter avec les gens. Dès que l'on passe d'une séquence à l'autre, il y a toujours des personnes sur le passage avec lesquelles il discute, ce qui peut ralentir le rythme du programme. C'est un travail d'équilibriste pour que tout tienne.

**Agnès Tachin** : Quel est l'impact de ce rythme plus soutenu des voyages sur la communication présidentielle ? Au niveau du président et des proches collaborateurs, a-t-on parfois le sentiment que le message politique n'est pas passé au cours de ces voyages au timing très serré ?

**Cédric Goubet** : Le président de la République est aujourd'hui soumis à un dilemme. Est-ce qu'il est à l'origine de cette accélération ou est-ce qu'il essaie de s'adapter à une marche du monde de plus en plus complexe avec des emballements et plus de crises ? Son devoir est aussi de s'adapter à cette nouvelle temporalité. Il y a un risque de confusion, de banalisation, on passe d'un sujet à un autre, d'une problématique à l'autre. Il faut intervenir sur des problèmes aujourd'hui globalisés alors que le multilatéralisme est de plus en plus fragilisé, il y une multiplication des acteurs et des lieux de discussion multilatérale ou bilatérale, à différentes échelles, régionale, européenne et mondiale, ce n'était pas aussi intense avant.

Il n'y avait pas non plus au temps du général de Gaulle ou de Pompidou cette hyper-médiatisation permanente, cette hyper-communication. Il n'a jamais été aussi complexe de diriger un pays comme la France dans le contexte européen, mondial et médiatique d'aujourd'hui. Il faut le reconnaître, ils essaient de faire de leur mieux. Le quinquennat ne facilite pas non plus les choses, il est plus difficile d'avoir une prise de recul et la possibilité de raréfier sa communication. Si le président est distant, on estime qu'il manque de leadership, s'il s'exprime régulièrement, il prend aussi des risques, au premier rang desquels celui de se lasser et de se banaliser.

On doit avoir aujourd'hui une communication encore plus maîtrisée car les événements se répètent à intervalles rapprochés, nécessitant plus de parole. Tout événement tend à appeler une prise de parole publique au plus haut niveau, mais tout cela est très fatigant pour les dirigeants, pour leur entourage, pour les agents du protocole, en ce qui concerne l'activité internationale. L'emploi du temps d'un président comme François Mitterrand était beaucoup moins dense et plus maîtrisé que pour les présidents récents. Aussi, pour leurs déclarations, ils ont besoin qu'on les alimente, qu'on leur donne des éléments car ils ne sont pas omniscients, ni toujours au top de leur forme pour enchainer des sujets complexes. Mais ils sont capables aussi de se détacher de leurs textes. À un moment, il faut improviser, faire un acte de leadership parce que la conversation tourne en rond, on ne sait pas le résultat que cela va produire, cela ne marche pas tout le temps mais le président passe ainsi des messages un peu différents avec une dose d'improvisation, une prise de risque calculée. Je l'ai vu pour Nicolas Sarkozy plusieurs fois, il ne voulait pas être prisonnier non plus de ses dossiers comme il le disait lui-même : « J'ai été élu, la politique internationale de la France c'est moi qui la fait ce n'est pas la cellule diplomatique ou le Quai d'Orsay. » Il fait de la politique et c'est le cas pour ceux qui lui ont succédé.

**Arnaud Grivaud** : Pourriez-vous à partir de vos expériences nous donner la recette du voyage réussi ou à l'inverse du voyage raté ? Quelle est la marge de manœuvre des acteurs ?

**Emmanuelle Pavillon-Grosser :** La clé du succès du point de vue du protocole, c'est quand le président dit qu'il est content. C'est la meilleure chose qui puisse arriver, c'est quand à la fin de la visite, dans l'avion du retour, il fait part de sa satisfaction au chef du protocole ou à moi-même. Quand on a passé des nuits blanches à préparer le voyage, pour moi c'est le symbole de la réussite. Mais on sait aussi que pour le président, le voyage est réussi s'il est parvenu à faire passer les messages qu'il voulait, publiquement ou pas. En Chine par exemple, on a pris un retard de près de trois heures pour le dîner officiel car les conversations entre le président et le dirigeant chinois avaient duré plus longtemps que prévu à leur demande. Mais le président était ravi de ces entretiens donc c'était positif même si en termes de timing, cela posait des problèmes. Il peut y avoir aussi des scénarios catastrophe. L'un des grands moments de solitude que j'ai eus durant le voyage en Chine fut lorsque je me suis retrouvée toute seule avec le président et son officier de sécurité car tout le reste de la délégation avait été bloqué à un barrage. J'ai dû hausser la voix pour que la délégation puisse rejoindre le président, et cela s'est bien terminé, mais ce sont des choses qui peuvent engendrer un contexte peu favorable, mais en général cela se passe bien.

**Cédric Goubet :** il y a différents types de voyages donc il est difficile de définir un bon voyage. Il y a des voyages internationaux qui ont un objectif clair dont on peut juger si les résultats sont positifs ou négatifs. Quand Nicolas Sarkozy a emmené avec lui Monsieur Barroso, président de la Commission européenne pour voir le président Georges W. Bush et Monsieur Paulson, le secrétaire d'État au Trésor à Camp David au plus fort de la crise financière pour obtenir la mise en place d'un G20, il fallait l'obtenir de la part d'une administration crépusculaire qui allait céder la place à l'administration Obama, ce fut un succès, on l'a obtenu. C'était nécessaire pour limiter au maximum l'impact de la crise financière mondiale. Lorsqu'il est allé à Tbilissi et à Moscou comme président de l'UE et président français pour arrêter l'offensive russe en Géorgie, alors que les chars russes étaient à quelques dizaines de kilomètres de Tbilissi. Là, il y a un objectif clair, la stabilisation de la région, après vous y arrivez ou pas. Et puis, il y a des visites où les objectifs ne sont pas toujours très précis, très clairs. Parfois, il s'agit d'améliorer les relations personnelles, parfois c'est un catalyseur pour obtenir la signature de quelques commandes, c'est très variable selon les voyages. Et autre ingrédient important, bien mesurer le style, la personnalité du président, ce qu'il va savoir gérer en fonction de ce qu'il est, ce qu'il aime ou n'aime pas, son équation personnelle, ceci exige une certaine familiarité avec l'homme, pas seulement l'homme public, il faut comprendre sa personnalité pour préparer le voyage, sinon il ne sera pas à l'aise et aussi performant qu'il pourrait l'être.

# Résumés

**Alessandro Giacone**

Durant les premières années de la République italienne (née en 1946), les chefs de l'État ne se rendent pas à l'étranger. Ce n'est qu'en 1956 que le président Gronchi inaugure la tradition avec un voyage aux États-Unis, suivi d'autres déplacements en Europe et en URSS. Cette contribution examinera ses visites à l'étranger ainsi que celles des présidents Antonio Segni (1962–64) et Giuseppe Saragat (1964–1971). Lorsqu'on examine les 29 déplacements présidentiels (en laissant de côté les 10 visites au Vatican), on constate en premier lieu leur progressive montée en puissance à partir des années 1950, que l'on observe dans les autres pays occidentaux et qui s'accentuera par la suite. En second lieu, ces voyages répondent à des objectifs variés : faire oublier le passé récent de l'Italie fasciste ou, au contraire, se fonder sur un passé commun pour construire le futur ; signer des accords économiques et culturels ; construire l'Europe et freiner les conflits avec le Pacte de Varsovie ; marquer la sollicitude de la Métropole à l'égard des importantes colonies d'émigrés italiens.

**Arnaud Grivaud**

En dépit du poids économique du Japon, la notoriété de la plupart de ses premiers ministres fut extrêmement réduite à l'étranger. Dès son arrivée au pouvoir fin 2012, Abe Shinzō, détenteur du record de longévité à ce poste, a exprimé sa forte volonté d'accroître la présence du pays dans la communauté internationale (« Japan is back! »). Ce volontarisme s'est notamment traduit par le rythme exceptionnellement élevé de ses visites diplomatiques (81 en 7 ans, soit une par mois en moyenne avant la COVID-19), battant en moins de 2 ans le record que Koizumi Jun.ichiō (2001–2006), pourtant très actif en la matière, avait mis 5 ans et demi à établir (51 visites). Outre l'aspect quantitatif, l'on a pu également dénoter une évolution qualitative, avec des visites diplomatiques stratégiques qui servaient de véritables agendas, s'éloignant des simples cérémonies protocolaires. Devenues un outil politique majeur du Premier ministre, ces visites diplomatiques furent alors l'objet de débats et de critiques au Parlement et dans les médias (augmentation du budget, absence au Parlement, ventes d'armes et de centrales nucléaires, compromissions avec les droits de l'homme, etc.). Après un bref rappel de l'évolution de la place de la diplomatie dans la politique au Japon depuis les années 2000 (e.g. Shinoda, 2007), cette communication visera à analyser, les récentes transformations des visites diplomatiques japonaises en apportant une attention particulière à leur cadre institutionnel (normes, contraintes, organes, etc.), aux acteurs en jeu (Premier ministre, opposition, médias, etc.) et à leurs discours et actions.

**Hélène Harter**

Theodore Roosevelt se rend au Panama du 14 au 17 novembre 1906. C'est la première fois de l'histoire qu'un président américain quitte le territoire national ; une rupture majeure avec les pratiques politiques du pays. Cette visite est très documentée grâce à la correspondance du président et de son épouse, grâce au rapport de mission que le président a produit à son retour, grâce aux documents du département d'État mais également en raison d'une couverture médiatique très importante. Il s'agira dans cette communication de mettre en lumière les temps forts de ce voyage et surtout d'en comprendre les raisons. Que nous dit-il sur les évolutions de la politique étrangère américaine et sur la place qu'occupent les Caraïbes dans la nouvelle politique impérialiste américaine au début du XX^e^ siècle ? Dans quelle mesure est-il l'expression de la nouvelle puissance américaine ? Que nous apprend-il également sur les reconfigurations politiques à l'œuvre aux États-Unis et notamment sur le nouveau rôle de la présidence et sa médiatisation ?

**Andreï Kozovoï**

Leonid Brejnev, secrétaire général du Parti communiste d'Union soviétique, se rend aux États-Unis du 18 au 26 juin 1973 pour y rencontrer le président Richard Nixon. La visite débute à Washington pour se terminer en Californie, dans la villa privée de Nixon, la « Casa pacifica » (la Maison de la Paix) – tout un symbole. Comme le sommet de Moscou de 1972, qui avait inauguré la période de la « détente » entre les deux pays, celui de Washington est marqué par la signature de nombreux accords, en particulier dans le domaine du désarmement, et la promesse d'un futur accord commercial favorable à l'URSS.

Le séjour de Brejnev, très policé, est aux antipodes de l'ambiance électrique qui avait accompagné la visite de son prédécesseur Nikita Khrouchtchev en 1959 ; il n'en demeure pas moins une étape essentielle dans la stabilisation de la Guerre froide, permettant aussi au dirigeant soviétique de prendre l'ascendant sur ses collègues de la « direction collective » pour apparaître, aux yeux du monde, comme un dictateur presque aimable.

**Fabien Oppermann**

Au tournant des années 1960, la diplomatie française se réinvente dans l'accueil des chefs d'État étrangers. Sous l'impulsion du général de Gaulle et dans le contexte de mise en place des institutions de la Ve République, de nouveaux protocoles sont instaurés pour recevoir les hôtes de la France. Parmi eux, une place à part est réservée aux chefs des États africains nouvellement décolonisés. Pour eux, il n'est pas question des ors de Versailles ou de Rambouillet ; sous la direction de Jacques Foccart, des lieux inédits, des programmes spécifiques sont trouvés, dans lesquels la France tâche de traiter ses hôtes avec faste et honneur, tout en tâchant de maintenir une relation particulière, où le poids de l'ancienne puissance coloniale reste omniprésent. À l'écart des circuits diplomatiques traditionnels, la République gaullienne crée ainsi dans les années 1960 de nouveaux usages réservés aux relations franco-africaines.

**Agnès Tachin**

Les déplacements officiels des présidents de la Ve République en Chine se font principalement dans le cadre de visites d'État. Par sa forte dimension protocolaire et honorifique, ce format de rencontre permet de célébrer avec solennité l'amitié et la « relation privilégiée » entre Paris et Pékin depuis la reconnaissance officielle du régime communiste chinois par le général de Gaulle en 1964, geste fondateur de la relation bilatérale. Mais au-delà du mythe, l'analyse des déplacements officiels des présidents de la Ve République en Chine révèle une relation complexe, faite de hauts et de bas. Les visites des trois premiers présidents, Georges Pompidou (1973), Valéry Giscard D'Estaing (1980) et François Mitterrand (1983) témoignent d'un regard distant sur la Chine de l'après-Mao, encore en retrait sur la scène internationale. Dans les années 1990, l'insertion rapide du géant asiatique dans l'économie mondialisée oblige à redéfinir la politique chinoise et modifie le programme des rencontres. D'un président à l'autre, les visites d'État se ressemblent mais varient aussi selon la personnalité du président et en fonction de l'évolution de la relation bilatérale. Elles montrent ainsi, par leurs adaptations successives, toute la difficulté à appréhender le nouveau rapport de force favorable à la Chine.

**Mélanie Torrent**

Lorsque la reine Elizabeth II quitte le Sénégal au début du mois de décembre 1961, l'ambassadeur britannique à Dakar écrit au Foreign

Office que la courte escale en territoire sénégalais, au terme d'un tour de l'Afrique de l'Ouest fut « un succès remarquable ». Alors que l'étude de la décolonisation de l'État et de la société britanniques a pris une nouvelle ampleur dans l'historiographie, plusieurs ouvrages ont analysé le rôle du monarque britannique dans les fins d'empire (Murphy) et dans l'évolution des relations entre politique et médias au Royaume-Uni (Owen). Si le voyage de la reine au Ghana en 1961 a fait l'objet d'études, le but de cette contribution est de décentrer la visite ghanéenne pour souligner l'importance d'un projet conçu à la croisée de trois espaces : Commonwealth (Ghana et Sierra Leone), impérial/colonial (Gambie) et étranger (Liberia, ainsi que Sénégal, où la reine fait une dernière escale de quelques heures avant son retour à Londres). À une époque où se pose la question d'une fédération sénégambienne, où s'affrontent plusieurs interprétations du panafricanisme dans une région et un continent marqués par les rivalités franco-britanniques et où le Royaume-Uni pose sa candidature à la Communauté économique européenne, le voyage d'Elizabeth II en Afrique de l'Ouest éclaire le rôle du monarque britannique dans la mise en œuvre de la diplomatie et de l'influence britanniques.

**Jean-Marc Ticchi**

Paul VI effectua 9 « visites pastorales » à l'étranger, Jean-Paul II, 104 voyages en 26 ans de Pontificat, Benoît XVI, 25 et le pape François 32. C'est dire l'importance de cette forme de visite mi-officielle, à l'époque contemporaine, et aussi le signe que malgré ou à cause du développement des moyens de communication, le Saint-Siège les considère comme un vecteur essentiel dans sa présence au monde, vis-à-vis des catholiques aussi bien que des non catholiques. C'est aussi un important moyen de dialogue diplomatique, que l'on songe au voyage du pape à Cuba et à ses implications dans le dialogue avec… la Russie ou des déclarations de Jean-Paul II en Amérique du Sud. Caractérisant les grandes typologies de voyages, la communication précise les formes qu'ils ont revêtu pour chacun des différents pontificats, et leurs significations aussi bien au plan spirituel – la rencontre des croyants et des autres chefs religieux – qu'au plan diplomatique : les relations avec les pouvoirs publics laïcs et avec les organisations internationales telles que l'ONU et le Parlement européen. Par-delà les transformations organisationnelles et l'accélération des moyens de transport, les voyages pontificaux participent du développement de la centralité dans l'Église catholique et de l'affirmation de l'importance du Saint-Siège dans les relations internationales. La conciliation de la mondialisation avec l'antique adage *Ubi papa, ibi Roma.*

**Julien Zarifian**

En avril 2009, c'est-à-dire au début de son premier mandat, le président Obama choisit d'effectuer son « presque premier » voyage officiel à l'étranger en Turquie (« presque premier » car, comme il est d'usage, il réserve sa première visite à l'Amérique du Nord, en passant, en l'occurrence, quelques heures dans la capitale canadienne Ottawa le 19 février). Il reste sur le sol turc environ 48 heures, du 5 au 7 avril, y rencontre les plus hautes autorités politiques et religieuses du pays, des membres de la société civile, des ministres des affaires étrangères d'États tiers, fait un discours important devant le parlement et visite des hauts lieux du patrimoine national. Fortement symbolique, car effectuée dans un pays à majorité musulmane et au sein d'un Moyen-Orient malmené par la guerre globale contre la terreur de George W. Bush, et très couverte par la presse et commentée quand elle a lieu, cette visite officielle est ensuite quelque peu éclipsée par la tournée moyen-orientale d'Obama de début juin, durant laquelle il se rend en Arabie saoudite et en Égypte, et prononce son célèbre discours du Caire. Ce voyage précoce en Turquie continue toutefois d'interroger. Pourquoi avoir choisi ce pays pour un premier voyage officiel outre-mer ? Qu'est-ce que son organisation et son déroulement révèlent des premiers pas de la présidence Obama et de la politique étrangère qu'elle souhaite mener, notamment au Moyen-Orient ? Enfin, que nous dit cette visite sur les relations américano-turques, souvent perçues comme stratégiques et structurantes mais également, alors, au croisement des chemins ? C'est principalement à ces questions que cette communication cherchera à répondre.

# Notices biographiques

**Alessandro Giacone** est *professore associato* au département de Sciences politiques de l'université de Bologne. Ses travaux portent sur la fonction présidentielle italienne, sur l'histoire de la construction européenne et sur les élites administratives françaises. Il a publié dernièrement *La France et l'Italie, histoire de deux nations sœurs de 1660 à nos jours* (avec Gilles Bertrand et Jean-Yves Frétigné), Paris, Armand Colin, 2016 et *1960. L'Italia sull'orlo della guerra civile* (avec Mimmo Franzinelli), Milan, Mondadori, 2020

**Arnaud Grivaud** est maître de conférences à l'UFR de Langues et Civilisations de l'Asie Orientale (LCAO) de l'Université de Paris. Il a soutenu en 2016 une thèse sur l'évolution des relations politico-administratives au Japon à partir des années 1990, pour laquelle il a obtenu le prix Shibusawa-Claudel en 2017. Ses thèmes de recherche portent sur les différentes transformations de l'État et de son action dans le Japon contemporain. Il a également enseigné à l'Institut National des Langues et Civilisations Orientales (Inalco), à SciencesPo Paris et à l'Université de Kōbe au Japon.

**Hélène Harter** est professeur des universités en histoire contemporaine à l'Université de Paris I Panthéon-Sorbonne. Membre du laboratoire SIRICE, elle dirige le centre de recherches d'histoire américaine (CRHNA) au sein de l'Institut Renouvin et est vice-présidente du conseil scientifique de l'Institut des Amériques. Elle a publié dernièrement, *Mémoires canadiennes* (Presses universitaires de Rennes, en collaboration, 2018), *Présidents américains : de Washington à Donald Trump* (Tallandier, nouvelle édition 2019), *la civilisation américaine* (PUF, en collaboration, 2020).

**Andreï Kozovoï** est maître de conférences HDR à l'université de Lille. Spécialiste de la guerre froide côté soviétique, il est notamment l'auteur des *Services secrets russes des tsars à Poutine* (Tallandier, 2020) et de *Brejnev, l'antihéros* (Perrin, 2021).

**Fabien Oppermann** ancien élève de l'École nationale des chartes et de l'Institut national du patrimoine, Fabien Oppermann est inspecteur général au ministère de l'Éducation nationale. Il est l'auteur de plusieurs ouvrages sur l'histoire du patrimoine et des lieux de pouvoir à l'époque contemporaine, notamment *Dans les châteaux de la République, le pouvoir à l'abri des regards* (Tallandier, 2019).

**Agnes Tachin** est maîtresse de conférences en histoire contemporaine à CY Cergy Paris Université et membre de l'UMR 9022 CY Héritages. Ses recherches portent sur les relations internationales, l'histoire des représentations et la Ve République. Elle a publié *Amie et rivale. La Grande-Bretagne dans l'imaginaire français à l'époque gaullienne. 1958–1969,* (P.I.E Lang, 2009).

**Jean-Marc Ticchi** est membre associé du Centre d'Études en Sciences sociales du religieux (CéSor-EHESS). Ses recherches portent sur la diplomatie pontificale et les dévotions, notamment l'histoire de la dévotion au pape et celle de la *Via Crucis* aux XIXe et XXe siècles. Il a publié *Aux Frontières de la Paix. Bons offices, médiations, arbitrages du Saint-Siège dans l'activité diplomatique du Saint-Siège*, Rome, École française de Rome, 2002, *Le voyage à Paris de Pie VII pour le couronnement de Napoléon*, Paris Champion, 2013 et une *Histoire de la province de France de l'Ordre de Saint-Camille de Lellis* (2014).

**Mélanie Torrent** est professeur des universités en Histoire et Civilisation britanniques à l'Université de Picardie Jules Verne. Membre junior de l'Institut Universitaire de France, elle consacre ses recherches à l'histoire du Royaume-Uni contemporain et du Commonwealth. Elle a publié, *La puissance britannique en question : politique étrangère et diplomatie au XXe siècle* (avec Claire Sanderson, P.I.E Lang, 2012), *British Decolonisation (1919–1984) The politics of power, liberation and influence* (PUF, 2012).

**Julien Zarifian** est maître de conférences en Histoire et Civilisation des États-Unis à CY Cergy Paris Université, chercheur au laboratoire AGORA et membre junior de l'Institut Universitaire de France. Il étudie la politique étrangère américaine et a publié *Les États-Unis au Sud-Caucase post-soviétique* (L'Harmattan, 2012), *Chocs d'Empires ? Les relations États-Unis–Iran du XIXe siècle à nos jours* (Hémisphères Éditions/ Maisonneuve Larose, 2018).

# Index des noms

## Dans la collection

N° 1 – Catherine Lanneau, *L'inconnue française. La France et les Belges francophones (1944-1945)*, 2008

N° 2 – Frédéric Dessberg, *Le triangle impossible. Les relations franco-soviétiques et le facteur polonais dans les questions de sécurité en Europe (1924-1935)*, 2009

N° 3 – Agnès Tachin, *Amie et rivale. La Grande-Bretagne dans l'imaginaire français à l'époque gaullienne*, 2009

N° 4 – Isabelle Davion, *Mon voisin, cet ennemi. La politique de sécurité française face aux relations polono-tchécoslovaques entre 1919 et 1939*, 2009

N° 5 – Claire Laux, François-Joseph Ruggiu & Pierre Singaravélou (dir./eds.), *Au sommet de l'Empire. Les élites européennes dans les colonies (XVI^e^-XX^e^ siècle) / At the Top of the Empire. European Elites in the Colonies (16th-20th Century)*, 2009

N° 6 – Frédéric Clavert, *Hjalmar Schacht, financier et diplomate (1930-1950)*, 2009

N° 7 – Robert JAblon, Laure Quennouëlle-Corre & André Straus, *Politique et finance à travers l'Europe du XX^e^ siècle. Entretiens avec Robert Jablon*, 2009

N° 8 – Alain Beltran (ed.), *A Comparative History of National Oil Company*, 2010

N° 9 – Sarah Mohamed-Gaillard, *L'Archipel de la puissance ? La politique de la France dans le Pacifique Sud de 1946 à 1998*, 2010

N° 10 – Marie-Anne Matard-Bonucci, Anne Dulphy, Robert Frank & Pascal Ory (dir.), *Les relations culturelles internationales au vingtième siècle. De la diplomatie culturelle à l'acculturation*, 2010

N° 11 – Yves-Marie Péréon, *L'image de la France dans la presse américaine, 1936-1947*, 2011

N° 12 – Léonard Laborie, *L'Europe mise en réseaux. La France et la coopération internationale dans les postes et les télécommunications (années 1850-années 1950)*, 2010

N° 13 – Catherine Horel (dir.), *1908, la crise de Bosnie cent ans après*, 2011

N° 14 – Alain Beltran (ed.), *Oil Producing Countries and Oil Companies. From the Nineteenth Century to the Twenty-First Century*, 2011

N° 15 – Frédéric Dessberg & Éric Schnakenbourg (dir), *Les horizons de la politique extérieure française. Régions périphériques et espaces seconds dans la stratégie diplomatique et militaire de la France (XVI^e^-XX^e^ siècles)*, 2011

N° 16 – Alya Aglan, Olivier Feiertag & Dzovinar Kévonian (dir.), *Humaniser le travail. Régimes économiques, régimes politiques et Organisations internationale du travail (1929-1969)*, 2011

N° 17 – Pierre Journoud & Cécile Menétrey-Monchau (dir./eds.), *Vietnam, 1968-1976. La sortie de guerre / Vietnam, 1968-1976. Exiting a War*, 2011

N° 18 – Louis Clerc, *La Finlande et l'Europe du Nord dans la diplomatie française. Relations bilatérales et intérêt national dans les considérations finlandaises et nordiques des diplomates et militaires français, 1917-1940*, 2011

N° 19 – Yann Decorzant, *La Société des Nations et la naissance d'une conception de la régulation économique internationale*, 2011

N° 20 – Lorenz Plassmann, *Comme dans une nuit de Pâques ? Les relations franco-grecques 1944-1981*, 2012

N° 21 – Alain Beltran (dir./ed.), *Le pétrole et la guerre / Oil and War*, 2012

N° 22 – Valentine Lomellini, Les relations dangereuses. *French Socialists, Communists and the Human Rights Issue in the Soviet Bloc*, 2012

N° 23 – Martial Libera, *Un rêve de puissance. La France et le contrôle de l'économie allemande (1942-1949)*, 2012

N° 24 – Séverine Antigone Marin, *L'apprentissage de la mondialisation. Les milieux économiques allemands face à la réussite américaine (1876-1914)*, 2012

N° 25 – Claire Sanderson & Mélanie Torrent (dir./eds.), *La puissance britannique en question. Diplomatie et politique étrangère au 20e siècle/ Challenges to British Power Status. Foreign Policy and Diplomacy in the 20th Century*, 2012

N° 26 – Elena Gretchanaia, *« Je vous parlerai la langue de l'Europe… ». La francophonie en Russie (XVIIIe-XIXe siècles)*, 2012

N° 27 – Alfred Wahl, *Histoire de la Coupe du monde de football. Une mondialisation réussie*, 2013

N° 28 – Catherine Fraixe, Lucia Piccioni & Christophe Poupault (dir.), *Vers une Europe latine. Acteurs et enjeux des échanges culturels entre la France et l'Italie fasciste*, 2013

N° 29 – Danièle Fraboulet, Andrea M. Locatelli & Paolo Tedeschi (eds.), *Historical and International Comparison of Business Interest Associations. 19th-20th Centuries*, 2013

N° 30 – Annie Guenard-Maget, *Une diplomatie culturelle dans les tensions internationales. La France en Europe centrale et orientale (1936-1940 / 1944-1951)*, 2014

N° 31 – Catherine Horel (dir.), *Les guerres balkaniques (1912-1913). Conflits, enjeux, mémoires*, 2014

N° 32 – Bruno Dumons & Jean-Philippe Warren (dir.), *Les zouaves pontificaux en France, en Belgique et au Québec. La mise en récit d'une expérience historique transnationale (XIXe-XXe siècles)*, 2015

N° 33 – Pierre Chabal (dir.), *Concurrences interrégionales Europe-Asie au XXI^e^ siècle*, 2015

N° 34 – Florent Pouponneau, *La politique française de non-prolifération nucléaire. De la division du travail diplomatique*, 2015

N° 35 – Alain Beltran (ed.), *Les routes du pétrole / Oil Routes*, 2016

N° 36 – Pierre Chabal (dir.), *L'Organisation de coopération de Shanghai et la construction de la « nouvelle Asie »*, 2016

N° 37 – María Luisa Azpíroz, *Public Diplomacy. European and Latin American Perspectives*, 2015

N° 38 – Massimo Bucarelli, Luca Micheletta, Luciano Monzali & Luca Riccardi (eds.), *Italy and Tito's Yugoslavia in the Age of International Détente*, 2016

N° 39 – Michel Dumoulin & Catherine Lanneau (dir.), *La biographie individuelle et collective dans le champ des relations internationales*, 2016

N° 40 – Sebastian Santander, *Concurrences régionales dans un monde multipolaire émergent*, 2016

N° 41 – Alain Beltran, Éric Bussière & Giuliano Garavini (dir.), *L'Europe et la question énergétique. Les années 1960/1980*, 2016

N° 42 – André Straus and Leonardo Caruana de las Cagigas (eds.), *Highlights on Reinsurance History*, 2017

N° 43 – Vincent Genin, *Incarner le droit international. Du mythe juridique au déclassement international de la Belgique (1914-1940)*, 2018

N° 44 – Catherine Horel & Robert Frank (eds.), *Entrer en guerre, 1914-1918 : des Balkans au monde*, 2018

N° 45 – Clotilde Druelle-Korn, *Food for Democracy ? Le ravitaillement de la France occupée (1914-1919). Herbert Hoover, le blocus les neutres et les Alliés*, 2018

N° 46 – Thomas Meszaros (dir.), *Repenser les stratégies nucléaires. Continuités et ruptures. Un hommage à Lucien Poirier*, 2019

N° 47 – Amélie Zima, *D'ennemi à allié. L'adhésion de la Hongrie, de la Pologne et de la République Tchèque à l'Alliance atlantique (1989-1999)*, 2019

N° 48 – Michel Dumoulin, Vincent Genin & Sabina Gola (eds.), *Autour de l'année 1866 en Italie. Echos, réactions et interactions en Belgique*, 2020

N° 49 – Mario Telo & Yuan Feng (eds.), *China and the EU in the Era of Regional and Interregional Cooperation*, 2020

N° 50 – Damien Simonneau, *L'obsession du mur. Politique de militarisation des frontières en Israël et aux États-Unis*, 2020

N° 51 – Agnès Tachin (dir.), *Le temps du voyage. Les déplacements internationaux des chefs d'Etat ou de gouvernement (XX^e^-XXI^e^ siècle)*, 2022

www.peterlang.com